GIACOMO BRUNO

LA MAPPA NON È IL TERRITORIO

Strategie di PNL, Comunicazione e Persuasione per Capire e Farsi Capire

Titolo

"LA MAPPA NON E' IL TERRITORIO"

Autore

Giacomo Bruno

Editore

Bruno Editore

Sito internet

http://www.brunoeditore.it

Sommario

Introduzione

In questa guida parleremo dei modelli più efficaci per comunicare e relazionarsi meglio con gli altri, per capire e farsi capire da coloro con cui veniamo a contatto ogni giorno.

Prendo spunto dalle tecniche di Programmazione Neuro-Linguistica (PNL) che dal 1970 Richard Bandler e John Grinder, i due fondatori, hanno modellato dalle persone di miglior successo, come i più grandi terapeuti, comunicatori e leader. Queste tecniche e questi modelli, che danno poi vita a una serie di atteggiamenti mentali, ci servono per migliorare i nostri rapporti e la nostra comunicazione con gli altri.

In questo ebook approfondiremo, in particolare, il concetto di **mappa**, che è il primo pilastro della comunicazione efficace. Ognuno di noi ha una propria mappa – quindi *una propria visione del mondo* e *un proprio punto di vista* –, che spesso non coincide con quella degli altri. Attraverso il concetto di mappa, adottando la tecnica del ricalco, è possibile migliorare la propria comunicazione con gli altri. Imparerai, infatti, a comprendere il prossimo, ad offrire maggiore comprensione e a gestire con grandissima efficacia tutte le comunicazioni e le relazioni che a volte ti mettono in difficoltà.

Inoltre analizzeremo le tecniche, i modelli, i principi di persuasione creati da Robert Cialdini e ripresi dalla Programmazione Neuro-Linguistica. Vedremo cosa si intende con coerenza, autorità, riprova sociale e molto altro ancora.

Cialdini e altri autori hanno fatto studi approfonditi attorno all'idea di persuasione e su come gli esseri umani rispondano, in maniera identica e quasi automatica, a dati comportamenti all'interno di dati contesti. Vedremo come la PNL abbia ripreso questi principi e li abbia poi trasportati in una dimensione linguistica, elaborando due strumenti: il "MetaModello" e il "Milton Model".

Il MetaModello è costituito da una serie di domande che servono per raggiungere la massima precisione nella comunicazione, quindi per scavare nel linguaggio e individuare l'esperienza sottostante.

Il Milton Model è invece il sistema che usava Milton Erickson, grandissimo ipnoterapeuta, con i suoi assistiti. Egli riusciva a mandarli in *trance* semplicemente parlando e raccontando storie.

Nell'ebook analizzeremo nei dettagli questi modelli, riportando costantemente l'attenzione all'aspetto linguistico, fondamentale per la PNL.

Buona Lettura!
Giacomo Bruno

GIORNO 1:
Capire la Mappa della Realtà

La mappa non è il territorio, cosa vuol dire? Immagina di dover partecipare a un mio corso insieme ad altre persone. Tutti arrivano con il mezzo che hanno, che sia pubblico o privato. Hanno l'indirizzo dell'hotel e chiedono al conducente dell'autobus, all'autista del taxi, al proprio navigatore oppure a una piantina, di indicare loro la strada giusta.

Chi opta per la piantina, utilizza una mappa di Roma, che altro non è se non una rappresentazione della città. Cosa vuol dire? Che non è la città vera e propria, non vediamo le persone che camminano, le macchine che sfrecciano e le buche sull'asfalto; questi particolari li troviamo solo nel territorio reale. Anche facendo una mappa in scala 1:1 non ci sarebbe comunque tutto, perché è impossibile rappresentare ogni cosa.

Quindi la mappa non coincide con il territorio: ne è una semplice rappresentazione. Allo stesso modo, il concetto che qui voglio esprimere è che la nostra mappa, la nostra personale rappresentazione del mondo, non è la realtà stessa, ma una **rappresentazione filtrata della realtà.**

Il filtro è dato dalle nostre convinzioni, le esperienze passate, le idee e tutto ciò che, in un modo o nell'altro, ci ha influenzato dal momento in cui siamo nati. Quindi ciò che noi chiamiamo realtà non è che una visione del tutto soggettiva del mondo che ci circonda, la *nostra* mappa della realtà. Il problema è che normalmente si tende a confonderla con la realtà universale. Quindi assumiamo che la nostra realtà dovrebbe essere quella vera, quella oggettiva, mentre non è così.

Non è così perché, ovviamente, ognuno di noi ha il proprio punto di vista. Si usa dire: «Dal mio punto di vista, le cose stanno così», ma è anche vero che dal punto di vista della persona con cui stai parlando, magari, le cose stanno in modo del tutto diverso. Ognuno ha un suo punto di vista, lo sappiamo, ma a quanto pare ce ne dimentichiamo troppo spesso.

SEGRETO n. 1: così come la mappa fisica di un territorio non coincide con il territorio stesso, la mappa interiore di ognuno di noi non corrisponde alla realtà oggettiva; non è che una sua rappresentazione.

Volendo rappresentare il funzionamento della percezione umana in chiave PNL, partiamo dal dato, noto a tutti e sancito dalla scienza, per cui le informazioni arrivano alla nostra mente tramite i sensi: la vista, il tatto, l'udito, il gusto e l'olfatto. La PNL ha raccolto i filtri rappresentati dai sensi in tre grandi gruppi, ovvero tre grandi **sistemi rappresentazionali** denominati V, A e K.

La V sta per sistema **visivo,** che rappresenta la vista e, quindi, tutte le immagini che ci arrivano. La A sta per **auditivo,** ovvero ciò che ascoltiamo, nonché ciò che diciamo a noi stessi. La parola "auditivo" viene dall'inglese "auditory". In realtà, in italiano sarebbe più corretto dire "uditivo", ma in PNL, per convenzione, si preferisce dire "auditivo". La K, infine, **sta per sistema cinestesico,** che riguarda tutte le sensazioni che percepiamo, sia quelle esterne che quelle interiori. Spesso, poi, alle une corrispondono le altre. A un'emozione, che è una sensazione interna, infatti, spesso corrisponde bruciore di stomaco, piuttosto che una sensazione di freddo o caldo.

La mente umana, quindi, secondo la PNL, fa esperienza della realtà attraverso tre canali o tre grandi sistemi rappresentazionali: visivo, auditivo e cinestesico. Ognuno di noi, ogni giorno, si muove nel mondo, vede e sente e, quindi, acquisisce un'innumerevole serie di dati trasposti in immagini mentali, suoni e sensazioni. Si tratta di rappresentazioni interne che inevitabilmente trasferiremo nel nostro linguaggio, nel nostro modo di comunicare.

Il fatto che le informazioni ci arrivino dai sensi è qualcosa che sappiamo dalla scienza. La PNL, infatti, come sottolinea sempre Bandler, non ha inventato, ma scoperto. Ciò che fa la PNL è modellare persone, quindi scoprire qualcosa che già esiste. Leggendo questa guida, ti capiterà di trovare la spiegazione di atteggiamenti che adotti quotidianamente e di dire: «Questo lo faccio da sempre!», oppure: «Questo non lo faccio mai!» In questo caso la PNL non ha fatto altro che dare un nome ai tre sistemi rappresentazionali che già esistono nel nostro cervello.

Tuttavia, ciò che ci interessa non è tanto il loro nome, quanto piuttosto capire come funzionano.

Noi raccogliamo dati attraverso i sensi e poi li elaboriamo nella nostra mente. Anche la neurologia umana, quindi, è influenzata dai sistemi rappresentazionali, e li utilizza. Nella mente hai immagini, suoni e sensazioni, e quindi, nel momento in cui ricordi un dato evento, ti scorrono nella mente le immagini ad esso legate. Se pensi, ad esempio, a quando vincesti la coppa di calcetto, ti vedrai giocare a pallone o alzare la coppa della vittoria, udirai le grida degli amici, gli applausi delle persone, percepirai la sensazione di felicità che ti avvolse allora e che tornerà a prenderti come un'esplosione.

I tre canali ti offrono una visualizzazione complessiva del tuo ricordo e, in base ad esso, ciò che era realtà oggettiva diviene soggettiva. Hai raccolto delle informazioni ed elaborandole le hai immagazzinate in un dato modo. Esiste tutta una branca della PNL dedicata al modo in cui elaboriamo i nostri ricordi o immaginiamo gli eventi che ci potranno capitare. Lavorando sulle nostre sensazioni interiori e ponendoci obiettivi ben formulati per il futuro, possiamo riuscire a eliminare ricordi che ci tormentano e ci limitano, elaborare traumi e modificare le sensazioni associate.

La PNL, quindi, ci dice che l'elaborazione non si ferma ai sensi; una volta che le abbiamo incamerate, continuiamo a elaborare anche *dentro di noi* le nostre percezioni sensoriali in maniera visiva, auditiva e cinestesica. Se immagino di trovarmi a tenere uno dei miei corsi, chiudendo gli occhi potrò vedere le persone che mi seguono, sentire il suono della mia voce, percepirò una sensazione di forza e di equilibrio. Questo è normale, accade tutti i giorni.

Prova a pensare a un evento piacevole della tua vita: sicuramente ti torneranno alla mente una o più immagini relative ad esso. Forse sentirai voci legate a quella situazione e, magari, anche sensazioni piacevoli all'altezza dello stomaco o del petto. È così, questo è il modo di funzionare del cervello, non l'ho deciso io né la PNL.

Ma, parlando di mappa, facciamo un passo in più; infatti la vera scoperta della PNL è che noi trasmettiamo tutto questo nostro mondo interiore anche *all'esterno*, attraverso la comunicazione verbale, paraverbale e non verbale.

Per chiarire il concetto ti faccio un esempio pratico: tempo fa sono stato in vacanza a New York e la mia è stata un'esperienza principalmente visiva; ricordo perfettamente le immagini dei grattacieli che si stagliano nel cielo azzurro, il contrasto tra la luminosità del sole e il buio che si crea tra gli edifici. Nella mia mente ho una serie di immagini, una sorta di cartolina, che descrivo attraverso il linguaggio, la gestualità, parlando velocemente, perché altrettanto accelerate sono le immagini che vedo scorrere.

Tempo fa, durante un corso di comunicazione, ho chiesto a due partecipanti di raccontarmi la loro ultima vacanza: l'uno me ne ha parlato in maniera molto visiva, l'altro per sensazioni, raccontandomi, per esempio, la meravigliosa percezione della pelle scaldata dal sole. Due diversi toni di voce, contenuti altrettanto differenti: l'uno totalmente visivo, l'altro del tutto cinestesico. Questo dimostra che ognuno di noi vive in maniera diversa le esperienze di vita e le coglie in modo soggettivo. Uno dei presupposti più importanti in PNL è che si parla solo di soggettività; nulla, in questo contesto, è oggettivo, niente è vero sempre e comunque e per tutti; vi sono varie esperienze e modi distinti di viverle.

Parliamo di mappa soggettiva. Ognuno di noi ha in sé una serie di verità dedotte dalle proprie esperienze e che quindi danno origine alla propria realtà. Questo è vero al punto che può addirittura accadere di crearsi degli abbagli; ad esempio, potresti pensare di aver detto e fatto qualcosa e non averlo poi realmente detto o fatto. Potresti pensare di aver comunicato qualcosa a tua moglie, salvo poi sentirti dire da lei che non lo ricorda assolutamente. Forse l'hai solo pensato e poi non l'hai detto. Può succedere. Capita di immaginare di fare molte cose e di non realizzarle poi tutte, anche se ci resta in mente l'idea di averle concretizzate, avendo quindi presente una realtà che non è esattamente quella oggettiva.

Tutto è correlato; quindi, ascoltando attentamente la comunicazione delle persone con cui entri in rapporto, puoi capire il modo in cui ognuno elabora le informazioni che giungono dalle esperienze vissute. In questo modo puoi entrare nell'esperienza dell'altro in modo molto più penetrante, perché puoi arrivare a conoscere il modo in cui se la autorappresenta, la sua mappa.

Più avanti ti spiegherò come poter mettere in atto tutto questo, per entrare subito in sintonia con le persone e comunicare meglio. Spesso, infatti, non c'è comprensione, perché mentre tu parli di ciò che *senti*, il tuo interlocutore ti risponde parlandoti di ciò che *ha visto*. Al contrario, occorre focalizzarsi sulla mappa dell'altro. La mappa che ognuno di noi ha, quindi, nasce dalla percezione e dall'immagazzinamento di immagini, suoni e sensazioni, che poi vengono elaborati nel cervello e ci portano a comportarci in un dato modo.

SEGRETO n. 2: la PNL ha raccolto i filtri rappresentati dai sensi in tre grandi gruppi, che corrispondono ai tre sistemi rappresentazionali: visivo (v), auditivo (a) e cinestesico (k).

Questa è la parte tecnica; ora passiamo alla parte più divertente, cioè ai racconti di Bandler sugli inizi della sua attività di terapeuta. Egli, nei primi anni '70, agli albori della PNL, si recava negli ospedali psichiatrici a studiare alcune situazioni, tentando poi di risolverle. Vi riusciva e, anzi, aveva addirittura superato gli altri terapeuti in capacità. Spesso li sfidava chiedendo loro di affidargli i casi più spinosi che avessero.

Lo condussero, un giorno, da uno schizofrenico convinto di essere Gesù Cristo e dopo averlo rassicurato sul fatto che non fosse pericoloso, gli confessarono di disperare di poterlo aiutare. Infatti le avevano provate davvero tutte con lui, senza essere riusciti ad approdare a nulla di buono. L'uomo disse a Bandler: «Ciao figliolo cosa vuoi?» Egli replicò: «Ciao Gesù, volevo conoscerti, ho sentito tanto parlare di te. Sai, io sono una persona molto religiosa e tenevo molto a incontrarti.» E lo schizofrenico: «Bene figliolo, anch'io sono contento!» A quel punto, Bandler gli comunicò che si sarebbe allontanato un paio di minuti per fare qualcosa. Lo schizofrenico chiese spiegazioni al suo interlocutore; Bandler replicò semplicemente: «Andiamo, non puoi non saperlo, tu sei Gesù!»

Tornò di lì a poco con un metro da sarto e iniziò a prendergli le misure, mentre lo schizofrenico lo guardava sempre più perplesso. Quando Bandler ebbe terminato il suo lavoro, si allontanò dicendo che sarebbe tornato l'indomani. Prima che potesse uscire, lo schizofrenico gli chiese: «Pensi di farmi un vestito nuovo?» Come sempre, Bandler rispose: «Andiamo Gesù, tu sai certamente cosa voglio fare, stai tranquillo, è solo il tuo destino.»

Tornò l'indomani nella stanza dello schizofrenico con due grosse assi di legno, le pose a terra in forma di croce e con un grosso martello iniziò a fissarvi dei chiodi lunghi e robusti. Lo schizofrenico iniziò a spaventarsi, tanto che chiese: «Ma cos'è questa roba?»

Bandler rispose, esattamente come aveva fatto il giorno precedente, di stare tranquillo, che in fondo quello era solo il suo destino. Dopo di che iniziò a riflettere ad alta voce su quanto dovessero far male quei chiodi conficcati nella carne e... al colmo dello spavento il paziente corse via urlando di non essere affatto Gesù!

Altro caso molto simile e altrettanto interessante riguarda uno schizofrenico di nome John, convinto di sentire, di notte, la voce del diavolo. A Bandler confessava: «Di notte il diavolo mi parla e mi dice quello che devo fare. Voi dovete stare attenti, perché il diavolo è una persona potente, dovete stare attenti.» Come nel caso precedente, Bandler lo assecondò e commentò: «Ah, ma dai! E cosa ti ha detto? Ma soprattutto questa voce da dove viene?» Risposta: «La sento arrivare dalla presa elettrica.»

Bandler fece in modo che il pazzo uscisse per qualche tempo dalla sua stanza, fece applicare dei micro-altoparlanti collegati con un microfono esterno proprio in corrispondenza della presa elettrica. Durante la notte, prese il microfono e iniziò a parlare con voce cavernosa rivolgendosi al povero John. Questi si svegliò di soprassalto e disse: «Ma chi è?!» Risposta di Bandler: «Sono io, il diavolo.»

La voce si diffondeva realmente dalle prese e l'uomo iniziò a spaventarsi a morte mentre il "diavolo" proseguì: «Ho sentito dire che parli di me, che dici che ti vengo a trovare di notte. Sai che non dovresti nominarmi con tanta tranquillità, perché potrei crearti dei seri guai.» Dopo questo avvenimento, John non riuscì più a prendere sonno e l'indomani, quando Bandler si recò da lui per chiedere cosa di nuovo quella notte gli avesse comunicato il diavolo. Lui rispose: «Cosa? Ma il diavolo non esiste, erano solo delle voci che mi sembravano reali, ma in realtà non lo erano…».

Questo shock, evidentemente, l'aveva fatto uscire dal suo stato di fissazione. Ora, la schizofrenia e il funzionamento della mente di uno schizofrenico sono aspetti che attengono prettamente alla medicina e Bandler non se ne interessa. Piuttosto si concentra sui processi mentali che portano lo schizofrenico ad agire in un dato modo.

Se al primo schizofrenico, che diceva di essere Gesù, lui avesse risposto: «No, non lo sei», non avrebbe creato sintonia rispetto alla mappa del paziente. Infatti la sua *mappa* era tanto reale per lui, quanto lo è la mia per me e la tua per te. Per questo motivo, se vuoi comunicare efficacemente, sarai tu a dover entrare nella realtà dell'altra persona, a dover fare un passo verso di lei. Come hai visto nel caso dello schizofrenico, Bandler lo ha approcciato attribuendogli l'identità che credeva di avere, dicendogli: «Ciao

Gesù.» Poi, pian piano, lo ha portato fuori dalla sua fissazione, per ricondurlo verso una visione più concreta della realtà.

L'idea è di immedesimarsi nella mappa dell'altra persona e, con sincero interesse, cercare di capire cosa ci sia nel mondo dell'altro. Chiaramente lo schizofrenico è un caso estremo di realtà non condivisa; però, quando nelle comunicazioni che intraprendiamo ogni giorno ci capita di litigare, è perché non stiamo cercando di capire la mappa dell'altro. Noi abbiamo un punto di vista che per noi è reale e vero, e l'altra persona ne avrà un altro che sente altrettanto concreto. Quindi, se vogliamo comunicare bene, occorre fare un passo verso l'altro. Dal concetto di mappa, infatti, deduciamo che ognuno di noi ha una sua mappa soggettiva e che siamo tutti diversi. Può apparire banale, ma se intendi entrare realmente in comunicazione con l'altro, devi assumerti la responsabilità di cercare di immedesimarti nella sua mappa.

Non sto dicendo che la schizofrenia si possa curare in questo modo o solo in questo modo, certo è che questa tecnica può aiutare i pazienti schizofrenici a uscire definitivamente dal loro stato. A me è capitato di vedere dei video in cui Bandler era impegnato nella cura di alcuni schizofrenici. Ti assicuro che in non più di cinque minuti riusciva a curare persone che stavano male da 15-16 anni e che avevano ormai acquisito ogni malizia per aggirare le domande dei medici. Spesso si trattava di individui curati da professori universitari che adottavano terapie sperimentali. Certo, poi sicuramente avranno avuto bisogno di fare altre sessioni e di essere seguiti, però l'importante è che Bandler sia riuscito a sbloccare il meccanismo entrando nella mappa del paziente.

L'ultimo divertente racconto circa le terapie di Bandler riguarda una persona che, guardando in tv un vecchio telefilm, *La casa nella prateria*, vedeva la protagonista materializzarsi e uscire dallo schermo. Bandler lo ricevette, ascoltò il suo problema e poi chiese: «Che trasmissione guardi?» Lo schizofrenico replicò: «*La casa nella prateria*. Vedo la bambina che esce e mi tormenta, la vedo darmi fastidio.» Quindi Bandler disse: «Questa cosa è interessante, sai? Credo che, sfruttandola, potremmo fare qualche miliardo.» L'uomo rispose: «Come? Io sono malato, quali miliardi?» Bandler continuò: «Mi spieghi esattamente come funziona? Perché, secondo me, è una strategia molto interessante e la possiamo rivendere a qualcuno.» E lui: «Ma in che modo? Non capisco di cosa stai parlando.» E Bandler: «Hai presente Playboy Channel?! È un'idea che si potrebbe rivendere a qualcuno e potremmo diventare miliardari!» Addirittura Bandler riesce a vedere, in una malattia, o presunta tale, semplicemente una strategia di guardare il mondo in maniera diversa. In sostanza dice: «Dimmi come riesci a farlo, perché voglio riuscirci anch'io e utilizzare questa capacità in modo migliore.»

Bandler non contrasta mai il suo interlocutore, non dice: «No, tu sei pazzo a creare questa realtà», piuttosto chiede: «Cosa vedi? Cosa senti?», quindi scompone in immagini il mondo dell'altro, per vedere dove sia il problema. Tra gli schizofrenici vi sono persone che non riescono a distinguere tra personaggi reali e di fantasia, quindi c'è chi vede i mostri, chi la bambina uscire dalla tv e così via.

Lavorando con gli schizofrenici, Bandler ha scoperto che esiste un modo, a livello di sole immagini, di distinguere il reale dall'irreale. Partendo da questo presupposto è riuscito a dare un consiglio al suo paziente: «Quando vedi un personaggio che sai essere reale, prova a mettergli attorno una bella cornice azzurra. Quando invece sai di aver visualizzato un personaggio di fantasia, mettigli attorno una cornice rossa; così hai un modo per distinguere le due cose.» Ora, non ha cambiato la persona né il suo cervello né gli ha tolto la schizofrenia, gli ha semplicemente offerto uno strumento per gestirla. Ma il presupposto qual è? Che la schizofrenia, secondo lui, non è una malattia, ma una delle tante realtà soggettive, una mappa. Quindi ci lavora su e pensa a come offrire al suo paziente gli strumenti per uscirne efficacemente.

SEGRETO n. 3: se vuoi comunicare efficacemente, sarai tu a dover entrare nella realtà dell'altra persona, a fare un primo passo verso di lei; poi, pian piano, potrai guidarla verso di te.

Come dicevo poco fa, la mappa non è il territorio. Ogni mappa è una realtà soggettiva, non oggettiva. Quindi, tornando dalla storia alla teoria – che è poca ma va capita per comprendere tutto il resto –, ognuno di noi percepisce ed elabora una propria mappa tramite i propri sensi. Ogni persona, in base alla propria mappa, sarà, in percentuale, più tendente al visivo, all'auditivo o al cinestesico. Una cosa che dicono davvero in pochi è che le percentuali variano non solo in base alla persona, ma anche in base al contesto nel quale avviene la comunicazione.

Quindi tu potresti essere maggiormente auditivo, ma divenire più sensibile al sistema cinestesico, quindi alle sensazioni, se messo in un determinato contesto. Ciò che non dobbiamo fare è etichettare le persone che incontriamo e con le quali comunichiamo o addirittura noi stessi. È chiaro, quindi, che definire le persone come integralmente visive, auditive o cinestesiche, come avviene in alcuni testi o corsi di PNL, rappresenta un errore.

A questo proposito, una domanda ricorrente che i miei allievi pongono durante i corsi è a quale delle tre categorie ciascuno di loro, secondo me, appartiene. La risposta è che a tutti, in percentuali sempre diverse, appartengono tutti e tre gli aspetti. Il prevalere dell'uno rispetto all'altro dipende dai diversi contesti, dalle diverse circostanze in cui ci si può trovare.

SEGRETO n. 4: non esistono individui totalmente visivi, auditivi o cinestesici; i tre sistemi interagiscono in ogni persona sempre con percentuali diverse, che possono dipendere dallo stato emotivo o da uno specifico contesto.

Poco fa, ad esempio, ti parlavo della mia vacanza a New York e del fatto che l'ho vissuta in maniera principalmente visiva, ma ciò non vuol dire che io sia integralmente visivo. Mai generalizzare, perché in una persona risiedono sempre più prospettive ed etichettarla equivale inesorabilmente ad appiattirla. Se un allievo desidera ricevere informazioni su un mio corso, e per descrivermi le sue aspettative utilizza frasi infarcite di sensazioni, io non posso per questo etichettarlo come cinestesico a tutto tondo, perché lo vedrei come tale per tutto il percorso che andremo ad affrontare insieme. In tal modo mi impedirei di scoprire che, magari, è tendenzialmente visivo, mentre è stato cinestesico solo nel primo approccio con me.

Puoi cadere in questo errore se ti concentri non sulla persona, ma sull'etichetta che le attribuisci, perdendo così l'atteggiamento mentale di elasticità e apertura proprio della PNL. Se, nell'istante in cui ti parla, il tuo interlocutore è cinestesico, ti adeguerai a lui e gli parlerai in maniera cinestesica. È importantissimo adeguarti al sistema più congeniale al tuo interlocutore nel preciso momento in cui avviene la comunicazione. Se ti parla di sensazioni, gli risponderai con altre sensazioni per entrare in sintonia con lui.

In questo è il senso della persuasione come comunicazione verso l'altro, motivata da un reale interesse e tesa ad afferrare la sua mappa interiore. Una volta creata la sintonia, sarai in grado di guidare il tuo interlocutore verso il tuo mondo, ossia verso il tuo punto di vista. Questo è ciò che videro fare Bandler e Grinder seguendo le sedute di terapia di Milton Erickson. Questi era bravissimo nel ricalco, pur senza avere la minima idea che se ne potesse in futuro parlare come di una strategia; lo utilizzava in automatico, si adeguava immediatamente al tono di voce del suo interlocutore e alla sua fisiologia del momento. A quel punto era in grado di prenderlo per mano e guidarlo nel suo mondo: come per magia la persona lo seguiva in tutto, addirittura nel ritmo della respirazione, tanto da modificarlo a seconda dell'andamento di quello del terapeuta.

Nella comunicazione le pause corrispondono alla respirazione di chi parla; ebbene Bandler, che in questo è maestro, è talmente ipnotico da riuscire a far respirare centocinquanta persone contemporaneamente, ogni volta che fa una pausa. Nei suoi corsi per trainer insegna a parlare a ritmo: si tratta di fare pause con cadenza sempre uguale, in modo da ottenere maggiore uniformità nell'attenzione dell'uditorio.

Questa è una buona abilità da acquisire; pensa agli effetti che può avere nella vendita, nei rapporti umani, nelle relazioni amorose. L'importante è sapersi modellare sul sistema sensoriale che l'altro ti propone in quel momento: se ti parla per sensazioni, rispondi sensazioni; per immagini, immagini; se si esprime con impeto e velocità adeguati, così ugualmente se parla con flemma e pacatezza.

Quindi, se per il cliente sono importanti le sensazioni, e più particolarmente un certo tipo di sensazioni, ripetigliele parafrasando le sue stesse parole e mantenendo intatto il concetto.

Ciò che dobbiamo fare, e lo vedremo dopo con la tecnica del ricalco, è semplicemente sintonizzarci sulla persona con cui stiamo comunicando, per l'aspetto che prevale nel momento in cui le parliamo. Ad esempio, se un cliente mi chiede informazioni su un corso dicendo: «Voglio provare a seguire uno dei tuoi corsi per **vedere** se riesco a ottenere dei risultati», ciò che immediatamente noto è che lui mi parla per immagini, usa il verbo "vedere". Io non so quale dei tre aspetti prevalga in lui, percentualmente, nella vita di tutti i giorni. So però che in quel momento e in quel contesto è visivo. Quindi mi comporterò di conseguenza e proporrò: «Bene, visioniamo assieme alcune brochure, in modo da **vedere** cosa potrai ottenere.» Se lui in quel momento è visivo, gli risponderò in modo visivo. Il segreto è tutto qui.

SEGRETO n. 5: ognuno percepisce ed elabora una mappa tramite i propri sensi. Quindi, in base ad essa, sarà in percentuale più tendente al visivo, all'auditivo o al cinestesico.

Il grande segreto della PNL consiste nel focalizzarsi sull'altro per entrare subito in sintonia con lei o lui. Non ci vuole un mese di studio per riuscirci, è sufficiente allenarsi a captare i segnali che ci invia; molto più semplice a farsi che a dirsi.

In ognuno di noi c'è una commistione, in percentuale, dei tre sistemi. Il visivo, auditivo e cinestesico assoluti non esistono, ne parliamo come tipi estremi che ci aiutano a capire l'atteggiamento della persona che, in un dato momento e contesto, si trova maggiormente in una condizione piuttosto che in un'altra. Prendiamo inizialmente l'esempio del tipo che tende maggiormente al visivo e che utilizzerà i cosiddetti **predicati sensoriali visivi**, cioè espressioni di tipo visivo o che richiamano la vista, come "vedere" e "immaginare". Altri esempi di predicati sensoriali visivi sono espressioni come "chiaramente", "chiaro", "guarda", o aggettivi che ricordano la luce e la luminosità, come "brillante".

Tali predicati, in realtà, richiamano le immagini interiori che abbiamo. Quindi, se un cliente durante una sessione di coaching mi dice: «Vedo un futuro tutto nero» è perché, effettivamente, ha un'immagine del suo futuro come nera. So che è così perché la linguistica esprime ciò che abbiamo in mente, ciò che appartiene alla nostra neurologia. Quindi la mia risposta sarà: «Bene, cerchiamo di fare un po' di luce sul tuo futuro.» Che è sì un'espressione linguistica, ma effettivamente esprime una percezione mentale. Può darsi che anche solo per il fatto di averlo detto, di aver pensato di farc un po' di luce, la persona riesca a schiarire la sua immagine interiore. Può darsi che, grazie a questa risposta, la persona prenda la sua immagine e la schiarisca. Quindi, ricapitolando, i predicati sensoriali visivi sono tutto ciò che riguarda la vista, il senso della vista.

Allo stesso modo la persona auditiva userà parole come: «Sei musica per le mie orecchie», e altre espressioni che richiamino il sentire auditivo. È pur vero che in italiano la parola "sentire" è equivocabile, in quanto richiama sia il sentire fisico che l'avvertire sensazioni. In ogni caso la persona tendenzialmente auditiva userà, nell'esprimersi, **predicati sensoriali auditivi**. Se ti accorgi che la persona che ti sta parlando usa un verbo di tipo auditivo, devi sintonizzarti sul medesimo sistema.

Infine passiamo al cinestesico e ai **predicati sensoriali cinestesici**, quindi al "sentire" inteso come avvertire sensazioni. Se qualcuno mi dice: «Ho la sensazione di dover fare questo corso», oppure: «Sento di dover fare questo corso», non gli dirò certo: «Bene, allora visioniamo alcune brochure», bensì: «Bene, ho un'ottima sensazione, sento che sarà soddisfatto». Quindi mi adeguo a lui e alla sua mappa attraverso questi stratagemmi linguistici.

Ora vediamo come i tre tipi estremi – visivo, auditivo e cinestesico – utilizzano il verbale, il paraverbale e il non verbale. Il visivo, ad esempio, avrà un non verbale descrittivo. Nel raccontare gli avvenimenti che lo toccano si aiuterà molto con la gestualità. Farà di tutto per rappresentarti le immagini che gli scorrono in mente, utilizzerà ampi gesti descrittivi. Le persone che gesticolano molto, infatti, lo fanno per disegnare ciò che hanno in mente. Si comportano come il pittore, che prima visualizza nella sua mente il dipinto e poi lo crea; esse vedono le immagini nella propria mente e poi le rendono reali.

Il verbale del visivo sarà velocissimo, e sai perché? Per lo stesso motivo per cui il non verbale è descrittivo, perché, cioè, vede le immagini scorrergli davanti agli occhi e deve parlare velocemente per poterle seguire e non perdere il filo.

Il verbale del cinestesico, al contrario, sarà estremamente lento, perché deve assaporare e vivere le sue sensazioni per potertele trasmettere efficacemente. Le sensazioni non si susseguono velocemente, ma molto lentamente, altrimenti impazziremmo.

Il paraverbale del visivo segue il suo verbale, quindi sarà serratissimo, farà pochissime pause, tanto da non respirare nemmeno adeguatamente. Il cinestesico, che è l'esatto opposto del visivo in questo senso, fa molte pause, per avere il tempo di viversi la sua sensazione.

Ti è mai capitato di incontrare quelle persone che parlano in modo talmente lento da non poterne più? Che ti annoiano sino farti addormentare? Ebbene: questo è il ritratto del cinestesico estremo, mentre il visivo ne è l'esatto contrario. Il visivo parla velocemente, gesticola molto per descrivere le sue immagini interiori e cerca di trasmetterti qualcosa non solo con le mani, ma con tutto il resto del corpo.

I due tipi sono talmente opposti che quando si incontrano è un vero caos. Il visivo, a sentir parlare il cinestesico, si annoia sino ad addormentarsi. Viceversa, il cinestesico che ascolta il visivo impazzisce, non riesce a stargli dietro. Io ho un amico che parla molto più velocemente di me, tanto da non riuscire a distinguere le sue parole, tuttavia, dopo un po', mi sintonizzo e riesco a capirlo. In realtà è lui che sta comunicando; quindi, assumendosi la responsabilità della propria comunicazione, dovrebbe capire di dover rallentare.

Tuttavia, a creare problemi al cinestesico che sente parlare il visivo non è solo la sua velocità, quanto l'incapacità di elaborare velocemente i concetti che sente esprimere. Se qualcuno è abituato a sentire le cose con l'anima, non riesce a star dietro a qualcuno che parla tanto velocemente, perché non riesce a capirlo, non riesce ad elaborare alla stessa velocità.

Se tu fossi maggiormente visivo e io ti chiedessi se, sino ad ora, ti è tutto **chiaro**, certo percepiresti correttamente la mia domanda. Se non lo fossi, o non lo fossi in questo momento, probabilmente non mi capiresti, non ti sarebbe chiaro ciò che chiedo. Se fossi più tendente all'auditivo, per te sarebbe più congeniale una domanda come: «Ti **suona** bene questo concetto?» O se fossi cinestesico sarebbe: «Hai **afferrato** il concetto?»

Una cosa molto importante che devi ricordare è che se mai ti trovassi a parlare in pubblico, avresti di fronte persone di ogni tipo, maggiormente visive, auditive o cinestesiche, quindi dovresti cercare di utilizzare efficacemente tutti e tre i canali.

Ora, secondo te, il cinestesico che tipo di non verbale avrà? Farà gesti descrittivi come il visivo? Certamente no, la sua gestualità sarà molto su di sé, verso le sue sensazioni. Spesso ti fa vedere, ti comunica esattamente, con il gesto delle mani, dove avverte la sensazione. In PNL le chiamiamo **submodalità**. Dove avverti la sensazione? Nel cuore? Nello stomaco? Nella pancia? Il cinestesico te lo fa vedere. Magari ti dice che: «È stata una vacanza bellissima», e mentre te lo dice appoggia la mano sullo stomaco o dove avverte la sensazione.

Quindi due persone che utilizzano due submodalità diverse potrebbero descriverti la stessa vacanza in maniera opposta. A questo proposito, ricordo che durante uno dei primi corsi che ho tenuto su questo argomento, chiesi a due persone che erano andate in vacanza nello stesso posto di descrivermi i loro ricordi collegati. La prima mi parlò dei colori del mare, di paesaggi incantevoli e così via. Era chiaro che il ricordo della sua vacanza era in tutto e per tutto visivo. L'altra mi parlò della sensazione dei piedi nella sabbia e del calore del sole sulla pelle. Ovvio che, in questo secondo caso, mi trovavo di fronte a un tipo cinestesico. È stata la dimostrazione concreta di come la stessa vacanza possa essere vissuta da due persone in maniera totalmente diversa, l'una in termini prettamente visivi e l'altra cinestesici.

Concludiamo il nostro schema parlando del verbale, paraverbale e non verbale dell'auditivo, tipo estremo a metà fra il visivo e il cinestesico. L'auditivo ha un verbale tarato su una velocità media e spesso parla sempre con il medesimo tono. Non sembri un bisticcio di parole, ma proprio per questo rischia di divenire monotono e ripetitivo e, alla lunga, di stancare.

Hai mai partecipato a quelle conferenze che ti fanno addormentare? Ecco, probabilmente doveva trattarsi di un oratore auditivo, che fa questo effetto. Tra l'altro l'auditivo ha anche il problema di riuscire gestire la voce, che, comunque, è un'abilità che si può acquisire lavorandoci. Nel parlare, infatti, per interessare l'interlocutore, che si tratti di un individuo oppure di un pubblico, occorre saper modulare la propria voce. Accelerare, rallentare, abbassare o alzare il tono, fare le giuste pause e così via. Il visivo, ad esempio, parla molto velocemente; il cinestesico, invece, va per sensazioni, quindi parla molto lentamente: le deve gustare per poterne parlare. Quindi un comunicatore efficace che si rispetti è molto attento ad alternare i toni di voce proprio per rendere meno monotono il suo discorso. Infine come sarà il non verbale del cinestesico? Avrà una gestualità spesso vicina alle orecchie. Nel dire, ad esempio: «Ti suona bene questa cosa?», si porterà la mano accanto a una delle orecchie.

SEGRETO n. 6: ognuno dei tre tipi estremi, visivo, auditivo e cinestesico, ha un diverso modo di utilizzare il verbale, il paraverbale e il non verbale.

	Verbale	Paraverbale	Non Verbale
Visivo	Predicati Sensoriali Visivi (chiaro, vero, brillante…)	Volume alto, ritmo veloce, poche pause	Gesti descrittivi, centrifughi, respiro veloce e superficiale
Auditivo	Predicati Sensoriali Auditivi (ascolto, musica, suona…)	Volume medio, ritmo monotono, pause medie	Posizione del telefono, gesti alle orecchie e a ritmo (direttore d'orchestra)
Cinestesico	Predicati Sensoriali Cinestesici (sento, afferro, a pelle…)	Volume basso, ritmo lento, tante pause lunghe	Gesti centripeti, respiro lento e profondo, autotoccamenti

A me interessa che tu sia consapevole di questo schema, non che lo impari a memoria; perché, come abbiamo detto, non è utile che incontrando una persona tu la etichetti. Etichettare è l'atteggiamento contrario a quello che ti propone la PNL, che è improntata alla più totale flessibilità. Ciò che a te deve interessare è calibrarti sulla persona che hai davanti nel momento e nel contesto in cui avviene il vostro dialogo. Se ritieni che una persona sia visiva e la etichetti come tale, poi tenderai a trattarla come visiva in ogni situazione, anche se, magari, in particolari contesti è auditiva o cinestesica.

Mai etichettare; lo schema di base ti serve solo come supporto cui riferirti. Potrai infatti trovare una persona che nel verbale e paraverbale è visiva, quindi parla molto velocemente, ma nel non verbale gesticola molto su di sé come farebbe un cinestesico. Può darsi, poi, che abbia la gestualità del cinestesico, non perché lo sia, ma semplicemente per timidezza.

Quindi non ci sarebbe comunque possibile sapere con esattezza come sia organizzata la sensibilità di ogni persona che incontriamo, solo possiamo escludere che rientri in maniera fissa ed estrema in uno solo dei tre sistemi. Ognuno di noi, infatti, è un mix di tutti e tre; ciò che ci interessa è sintonizzarci sul nostro interlocutore per come si pone nell'esatto momento in cui noi gli parliamo.

SEGRETO n. 7: mai etichettare il tuo interlocutore come del tutto visivo, auditivo o cinestesico; piuttosto sintonizzati su di lui per come si pone nell'esatto momento in cui gli parli.

Nel valutare una persona è del tutto inutile che tu ti chieda: «Ma come!? Parla veloce, fa poche pause e usa predicati visivi, però ha la gestualità del cinestesico…». Porti interrogativi del genere non ti porta a niente. Fai qualcosa di più utile, e cioè comportati esattamente nello stesso modo del tuo interlocutore, parla velocemente se lui lo fa e gesticola nel suo medesimo modo. Non fermarti a pensare: «Ah, ma quello è per un terzo visivo, un terzo cinestesico e un terzo auditivo», questo schematizzare le persone non ti serve assolutamente a nulla. Lo schema che abbiamo visto poco fa ti aiuta solo a capire che ci sono delle differenze, a coglierle per poi replicarle, abilità che in PNL viene definita come **ricalco**. Di questa tecnica parleremo più avanti.

Se lavori nel telemarketing, ad esempio, dove non puoi aiutarti con il non verbale, dovrai trovare la giusta sintonia con il tuo interlocutore a partire dall'unico dato che possiedi: la sua voce. A un «pronto» detto in un certo modo, risponderai con un «buongiorno» sullo stesso tono, quindi a voce più alta o più bassa. Inoltre, non dimenticare di adeguarti al ritmo, alla velocità dell'interlocutore: se il suo parlare è veloce andrai spedito, se lento, rallenterai. Basta una sola parola per sintonizzarsi. Ecco perché in PNL si parla di **sintonia istantanea**.

SEGRETO n. 8: ricorda che può essere sufficiente anche una sola parola per sintonizzarti con il parlato del tuo interlocutore, ecco perché in PNL si parla di "sintonia istantanea".

In realtà, tra l'altro, anche nel telemarketing si può immaginare una sfumatura attinente al non verbale, perché pare che lo stato d'animo dell'operatore sia avvertito da chi è dall'altra parte del filo. Coloro che istruiscono il personale per il telemarketing consigliano di "sorridere al telefono", perché questo atteggiamento pone, inconsapevolmente, in uno stato d'animo di apertura, che si trasmette anche semplicemente attraverso l'inflessione della voce.

SEGRETO n. 9: il tuo non verbale può essere avvertito anche da un interlocutore telefonico, perché lo "stato d'animo dell'operatore" si trasmette.

Quindi, al di là delle categorie, che ci interessano a scopo puramente didattico, ciò su cui dobbiamo realmente focalizzarci è il ricalco dell'altro, ovvero prendere la persona così com'è in quel momento e ricalcare il suo stato d'animo.

RIEPILOGO DEL GIORNO 1:

- SEGRETO n. 1: così come la mappa fisica di un territorio non coincide con il territorio stesso, la mappa interiore di ognuno di noi non corrisponde alla realtà oggettiva; non è che una sua rappresentazione.

- SEGRETO n. 2: la PNL ha raccolto i filtri rappresentati dai sensi in tre grandi gruppi, che corrispondono ai tre sistemi rappresentazionali: visivo (v), auditivo (a) e cinestesico (k).

- SEGRETO n. 3: se vuoi comunicare efficacemente, sarai tu a dover entrare nella realtà dell'altra persona, a fare un primo passo verso di lei; poi, pian piano, potrai guidarla verso di te.

- SEGRETO n. 4: non esistono individui totalmente visivi, auditivi o cinestesici; i tre sistemi interagiscono in ogni persona sempre con percentuali diverse, queste possono dipendere dallo stato emotivo o da uno specifico contesto.

- SEGRETO n. 5: ognuno percepisce ed elabora una mappa tramite i propri sensi. Quindi, in base ad essa, sarà in percentuale più tendente al visivo, all'auditivo o al cinestesico.

- SEGRETO n. 6: ognuno dei tre tipi estremi, visivo, auditivo e cinestesico, ha un diverso modo di utilizzare il verbale, il paraverbale e il non verbale.

- SEGRETO n. 7: mai etichettare il tuo interlocutore come del tutto visivo, auditivo o cinestesico; piuttosto sintonizzati su di lui per come si pone nell'esatto momento in cui gli parli.
- SEGRETO n. 8: ricorda che può essere sufficiente anche una sola parola per sintonizzarti con il parlato del tuo interlocutore, ecco perché in PNL si parla di "sintonia istantanea".
- SEGRETO n. 9: il tuo non verbale può essere avvertito anche da un interlocutore telefonico, perché lo "stato d'animo dell'operatore" si trasmette.

GIORNO 2:
Presupposti della PNL

Il ricalco è lo strumento più importante della comunicazione efficace e della Programmazione Neuro-Linguistica. Perché è importante? Perché capita tutti i giorni di avere difficoltà a relazionarsi con gli altri, sia sul lavoro che in famiglia. La Programmazione Neuro-Linguistica ci viene in aiuto offrendoci una serie di modelli e tecniche molto pratiche per comunicare meglio. Vediamo un attimo di capirne i presupposti fondamentali.

Innanzitutto, la denominazione "Programmazione Neuro-Linguistica" è stata ideata quando Bandler era ancora universitario; a quel tempo studiava matematica e si intendeva di psicologia. Grinder, già professore, insegnava linguistica nella stessa università da lui frequentata.

Bandler, a proposito di quel periodo, ci racconta che per guadagnarsi i primi soldi decise di prendere un lavoretto part-time presso una casa editrice. Si trattava di assistere alle sedute terapeutiche di Fritz Pearls, che praticava una nuova forma di terapia, la Psicoterapia della Gestalt, e di trascriverne il contenuto. Bandler era affascinato da Pearls e ne seguiva ogni movimento, ogni parola, stando attento ai minimi dettagli, tanto che, senza volerlo, imparò a fare terapia nel suo stesso modo.

Bandler, trovandosi a possedere queste nuove capacità acquisite dalla consuetudine con Pearls, ma non essendo in grado di gestirle efficacemente, chiese a Grinder di aiutarlo a razionalizzare cosa stesse facendo, affinché potesse servirsene coscientemente ed efficacemente.

Bandler voleva capire come e perché fosse divenuto tanto bravo e capace, pur non avendo la benché minima nozione di psicologia, semplicemente stando a contatto con Pearls, tanto da ottenere i suoi stessi risultati. John Grinder decise di aiutarlo e, da esperto di linguaggio, studiò attentamente le forme linguistiche di Bandler; assieme ne trassero dei modelli, che poi divennero i pilastri della Programmazione Neuro-Linguistica.

Oggi Bandler dice che la Programmazione Neuro-Linguistica non è un insieme di tecniche, quanto piuttosto un atteggiamento mentale di apertura e curiosità. Si parte dall'osservazione delle altre persone e si assorbe tutto ciò che in esse funziona, vale a dire le tecniche e le strategie di coloro che meglio riescono in qualcosa. Si osservano i migliori comunicatori, terapeuti, i grandi leader e ci si chiede cosa facciano di speciale, quale sia la differenza che fa la differenza. Questa è la domanda di base che ha dato inizio alla Programmazione Neuro-Linguistica a partire dal 1976.

Nel nome "Programmazione Neuro-Linguistica", si avverte l'influenza di entrambi i suoi fondatori. Il termine **programmazione** è stato suggerito da Bandler che, come è noto, è da sempre appassionato di informatica e specializzato in questa materia. Egli riteneva che in fondo siamo come computer, perché nella nostra mente vi sono dei programmi che girano, ossia un sistema di convinzioni che ci porta a comportarci in un certo modo. In sostanza abbiamo un'identità che ci porta a voler raggiungere determinati risultati piuttosto che altri.

La PNL vuol far sì che questi "programmi" girino nel modo migliore e più utile per noi. Vuole aiutarci a far sì che la nostra visione della realtà esterna ci conduca quanto più possibile verso i nostri obiettivi desiderati. Ci insegna, infine, come usare il linguaggio in rapporto alla programmazione e alla neurologia.

Va detto che è importante non solo il modo in cui comunichiamo con gli altri, ma anche il modo in cui comunichiamo con noi stessi, ossia ciò che diciamo a noi stessi attraverso il dialogo interiore. I nostri dialoghi interni e i nostri pensieri, infatti, influenzano il nostro cervello, i nostri programmi e, di conseguenza, i nostri comportamenti.

Vi è un'interazione del tutto particolare tra la programmazione, la neurologia e la linguistica, che non tutti capiscono e accettano. Parlare di "programmazione", infatti, fa pensare al fatto che le persone possano essere in qualche modo programmate. Ed è certamente un termine un po' troppo tecnico se usato in riferimento agli esseri umani.

Noi agiamo secondo schemi interiori che corrispondono al complesso delle nostre convinzioni, ed è solo partendo da questo concetto che potremo trovare risposta ad ogni domanda sul comportamento nostro e degli altri.

SEGRETO n. 10: Bandler ritiene che così come un PC ha in sé una serie di programmi che lo fanno lavorare in un dato modo, un individuo abbia una serie di convinzioni che lo portano a comportarsi di conseguenza.

La PNL è una sorta di libretto di istruzioni del cervello e ha molto poco di teorico, si concentra soprattutto sulla pratica. Durante la lettura della guida, infatti, ti proporrò moltissimi esercizi, ti accorgerai che la parte di teoria sarà davvero minima.

Ciò che dice Bandler nei suoi corsi e nei suoi libri è questo: «Non credete a ciò che dico, non sono che bugie. Testate invece le tecniche su voi stessi e vedete se funzionano o meno». Sappi che le tecniche di comunicazione efficace che ti spiegherò non funzionano perché te le ho insegnate io, ma perché sono realmente efficaci. Provale, mettile in pratica! Se poi non dovessero funzionare al meglio, pensa che potresti averle applicate male o nel contesto sbagliato e insisti.

Proprio per questo motivo impareremo il modo più corretto di utilizzare le varie tecniche e i contesti più giusti nei quali applicarle. Ecco perché si fa tanta pratica durante i corsi di PNL: occorre imparare al più presto e nella maniera più corretta le migliori abilità e dimostrare a se stessi, prima di ogni altra cosa, di saperle replicare nel modo più giusto.

Spesso sono esattamente le nostre convinzioni quelle che ci permettono di riuscire nell'intento o che ci bloccano impedendoci di raggiungere la nostra meta. Infatti, se anche metti perfettamente in atto il comportamento che è alla base della tecnica, ma sei assolutamente convinto che non possa funzionare, certo non avrai successo. Di più: agirai in modo tale che non funzioni; sarai tu stesso a sabotarti.

Ricorda che la denominazione "Programmazione Neuro-Linguistica" è un'etichetta posta su tutto ciò che funziona. Di fatto, molti scettici, e addirittura molte università, cercano di sminuire la PNL dicendo che è basata sul niente, che non c'è teoria, non è una scienza. E infatti la PNL non è una scienza, è pura pratica; *per definizione è qualcosa che funziona.* Un leader è bravo a comunicare? Bene, vediamo come fa. Un formatore è bravo? Bene, modelliamolo.

SEGRETO n. 11: la PNL è una sorta di "libretto di istruzioni" del cervello, una tecnologia che si concentra soprattutto sulla pratica. Non una scienza ma, per definizione, ciò che funziona.

Oggi, come ti anticipavo sin dalle prime righe della guida, parleremo dei pilastri della comunicazione efficace, ossia dei concetti di **mappa** e di **ricalco**; quest'ultimo è una vera e propria tecnica, ma è anche un atteggiamento mentale. Essi si basano su alcuni presupposti della PNL, uno dei quali è il concetto di **risultato**. Ciò che valutiamo, in PNL, è il risultato. L'utilità di una data strategia, infatti, si valuta in base al raggiungimento del risultato cui si tendeva. Se una cosa funziona, è PNL, altrimenti non lo è.

Tutto qua. Come vedi c'è ben poco di teorico. Tutto l'atteggiamento mentale proprio della PNL è racchiuso in questo presupposto. Non è necessario che tu ti rifaccia al più grande genio o al più grande terapeuta per avere un modello cui riferirti; puoi benissimo osservare e tentare di assorbire il comportamento di qualcuno che nel tuo ambiente di lavoro è particolarmente bravo e capace. A quel punto lo studi e ti chiedi cosa faccia di diverso da te o dagli altri colleghi per ottenere risultati tanto soddisfacenti.

Come fa il tuo collega operatore telemarketing a raggiungere quel dato fatturato, una percentuale tanto alta di vendite? Lo osservi, lo modelli, se puoi gli fai alcune domande, cerchi di capire cosa pensa e cosa fa quando è al telefono con il cliente. In sostanza, cerchi di entrare nella sua struttura mentale, di capire quali siano i programmi che girano nella sua psiche, i suoi schemi. Perché se adotti i suoi stessi schemi e ti abitui a utilizzarli, otterrai i suoi stessi risultati. Infatti ciò che ti interessa è raggiungere dei risultati.

Ad esempio, nel nostro sito puoi trovare pagine di presentazione dei prodotti. Abbiamo notato che alcune funzionano meglio di altre e abbiamo semplicemente replicato le caratteristiche della pagina che aveva più successo su quella che ne aveva meno.

In realtà non deve interessarti tanto chiederti perché una certa cosa funziona, devi semplicemente preoccuparti di trasportare le caratteristiche efficaci del prodotto più forte nel prodotto più debole. Il tuo obiettivo deve essere il risultato.

Lo stesso discorso vale per le convinzioni, che non sono qualcosa di necessariamente vero o falso. Tempo fa, per esempio, ho lavorato con un ragazzo che era convinto di essere completamente insicuro. Avevo fatto anche coaching con lui, ma nonostante questo non riusciva a emergere dalla sua condizione. Un giorno è venuto a un mio corso di motivazione ed era ben carico, anche se aveva avuto una giornata non facile. A quel punto gli ho fatto notare che, nonostante gli fossero accadute diverse disavventure, non si era perso d'animo ed era ugualmente giunto motivatissimo al corso.

Ebbene, lui mi ha risposto che trovandosi a un corso di motivazione, doveva essere per forza motivato. Ho replicato che certo non tutti la pensano così, che la sua era una convinzione motivante e che questa era un'esperienza in grado di dimostrargli che in fondo non era poi così insicuro come pensava di essere.

In ogni caso, al di là della dimostrazione dell'esistenza di una convinzione o del suo opposto, ciò che conta è raggiungere il risultato. Quali risultati ti porta una condizione di perpetua insicurezza? Scarsi. Se ti senti sicuro di te, certo ti porrai meglio nei confronti degli altri. Se, ad esempio, insegni, la sicurezza è fondamentale, perché potrai dare di più ai tuoi allievi, sarai più appassionato e quindi li interesserai più profondamente alla tua materia.

Quindi possiamo dire che non è tanto importante che la convinzione sia vera o falsa, l'importante è che sia utile e non inutile, quindi potenziante e non limitante. Devi capire, cioè, se ti porta a dei risultati o ti limita. La differenza è tutta qui e il metro di valutazione, come ti dicevo, sta nel risultato.

SEGRETO n. 12: in PNL la bontà o meno di una strategia si valuta in base al raggiungimento del risultato cui si tende. Se ti accorgi che è utile, non chiederti se sia vera o falsa, ma replicala, affinché funzioni anche per te.

Il concetto di risultato ha due grandi conseguenze che sono:
1) **responsabilità;**
2) **no fallimenti.**

Partiamo dal primo concetto, quello di responsabilità, e analizziamo, prima di tutto, la parola stessa. Se la dividiamo in due otteniamo "respons" e "abilità", che sta per "abilità nel rispondere". Ma a che cosa? Alle comunicazioni che intraprendiamo ogni giorno e che sono alla base di ogni evento e situazione che può capitarci.

In che modo puoi farlo? Valutando la tua comunicazione solo in base al risultato che sortisce e non alle tue buone intenzioni. Tu, infatti, puoi essere anche intenzionato benissimo, ma se fallisci la tua comunicazione te ne devi accollare la responsabilità, perché è da te che la comunicazione stessa è partita. Il fatto che la tua intenzione fosse quella di fare del bene a quella persona rimane un dato soggettivo, sta di fatto che non sei riuscito nel tuo intento.

Se fai una critica a una persona e dici: «Secondo me hai sbagliato in questo, questo e questo», per te è vero, ma comunque rimane la tua opinione. Se poi porta al risultato di offendere la persona, che a quel punto non ti parla più e continua nel suo comportamento, è necessario che sia tu ad assumerti la responsabilità di aver sbagliato nel comunicare. Non c'è dubbio che la tua intenzione fosse buona; tu, infatti, volevi aiutare l'altro a migliorarsi e a migliorare la qualità della sua vita. Per farlo gli hai detto chiaramente ciò che pensavi, anche se non sei stato gentile. Hai ottenuto il risultato? No, e questo è ciò che conta. Nella comunicazione efficace, infatti, conta il risultato. Valuta l'efficacia della tua comunicazione in base al risultato che ottieni e non in base alle tue intenzioni.

La PNL ci dice che c'è sempre un'intenzione positiva dietro ogni comportamento. Quindi, anche quando litighi con qualcuno e ti arrabbi, in realtà dietro a questo atteggiamento c'è sempre l'intenzione positiva di offrirgli un feedback, un aiuto, un suggerimento. Tuttavia, di fatto, se il risultato che sortisci non è quello che volevi, hai sbagliato nel comunicare e occorre che sia tu ad assumertene la responsabilità.

Certo, è un bel carico! Perché dovresti assumerti la responsabilità se è l'altra persona a non aver capito? Se è l'altra persona che reagisce male? Non c'è una risposta; è una scelta. Tuttavia, se ti assumi la responsabilità della tua comunicazione, puoi anche dire: «Bene, questa cosa non ha funzionato? Faccio qualcos'altro», o ancora: «Ho comunicato in questo modo e non ha funzionato? Provo a comunicare in un'altra maniera, dico un'altra cosa, mi pongo in maniera nuova.»

Al contrario, se non mi assumo la responsabilità della mia comunicazione, ho le mani legate. Non ho ottenuto il risultato sperato? Non posso far altro che girare le spalle e andarmene rinunciando alla mia comunicazione. Dovrò ammettere di non aver raggiunto il mio risultato, il fine che volevo, perché ho comunicato male.

Lo stesso discorso vale per il perseguimento degli obiettivi. Se non raggiungi il risultato nel modo in cui hai provato, non devi comportarti come le mosche che, nel tentativo di uscire da una finestra, continuano a sbattere contro il vetro perché incapaci di cambiare direzione. Tenta in un altro modo, cerca una nuova direzione; è questo il vantaggio di prendersi la responsabilità. Certo, non è una verità necessaria, non devi farlo per forza, però è utile farlo, funziona. Se ti assumi la responsabilità della tua comunicazione, puoi anche permetterti di cambiare strategia e continuare a perseguire il tuo obiettivo.

Se di fronte a una persona scettica reagissi dicendo: «Gli scettici non capiscono che questo è un grande libro!» sbaglierei. In realtà non è colpa degli utenti, probabilmente sono io che non ho presentato un prodotto nella maniera più giusta e accattivante per poterli interessare. Forse non ho messo bene in evidenza quali benefici e vantaggi potrebbero trarne. Sono io che ho comunicato per primo, e quindi la responsabilità della mancata efficacia è mia.

SEGRETO n. 13: assumerti la responsabilità delle tue comunicazioni equivale ad avere la possibilità di poterle cambiare se non raggiungono il risultato che ti eri prefisso.

Tempo fa ho lavorato come coach con un'insegnante che aveva un sogno: offrire alla sua classe il contributo di un famoso poeta, per permettere una più approfondita conoscenza della poesia e incoraggiare i suoi allievi ad adottare un diverso approccio teorico nello studio dei poeti. Per poter realizzare questo obiettivo le era necessario il benestare della preside, quindi le rivolse la richiesta di spesa, mettendole in evidenza la necessità di una migliore istruzione per i ragazzi della sua classe. Quest'ultima, responsabile del rispetto di un dato budget, era più interessata a non sforare il tetto previsto che a istruire gli alunni, quindi negò il suo consenso, ritenendo si trattasse di un inutile esborso.

Durante la sessione di coach che l'insegnante ebbe con me, mi illustrò la situazione che si era venuta a creare. Le consigliai di ripetere la richiesta e questa volta di puntare sulle priorità non proprie e della propria classe, ma della preside e della scuola tutta.

Partendo da questo presupposto non è difficile illustrare anche il secondo concetto, ossia: no fallimenti. Infatti un "no" non va vissuto a tutti i costi come un fallimento. Nel caso dell'insegnante sarebbe stato inutile da parte sua arrovellarsi per il fallimento del primo tentativo. Principalmente perché questo le avrebbe chiuso la strada a una nuova e più efficace comunicazione con la preside e, in secondo luogo, perché questo atteggiamento crea un circolo vizioso, che porta a sentirsi dei falliti senza speranza e a crearsi convinzioni sbagliate su se stessi.

Ciò che ho spiegato all'insegnante è che quel primo "no" andava vissuto non come un fallimento, bensì come un feedback, uno spunto positivo da sfruttare a suo favore. Partendo da quella prima comunicazione inefficace l'insegnante aveva potuto capire che avrebbe dovuto tarare la sua comunicazione su un livello diverso, parlando non di ciò che era meglio per la sua classe, bensì dei benefici per l'intera scuola, e cioè di ciò che più di ogni altra cosa stava a cuore alla sua preside.

Durante la sessione di coach, a questo scopo, chiarimmo insieme quali sarebbero potuti essere gli argomenti utili per convincere la preside. Principalmente pensammo a ciò che fosse per quest'ultima più importante a livello di valori. Secondo l'insegnante, la preside aveva principalmente a cuore l'immagine della scuola e il non sforare il budget annuale previsto.

Nel ruolo di coach non do consigli, piuttosto faccio domande, in modo che sia il cliente a darmi una risposta e a prendersi un impegno mentale. Così, semplicemente, la invitai a ripetere la comunicazione alla preside, facendo attenzione a dare maggior peso, stavolta, alle motivazioni dell'interlocutrice, piuttosto che alle sue. Tornò dalla preside e le espose nuovamente la sua idea, facendo notare, però, quale lustro avrebbe dato alla scuola l'intervento del poeta e quanto avrebbe potuto innalzarne il livello culturale, cosa che, certo, ne avrebbe giustificato la spesa. La preside, stavolta, la trovò un'idea interessante e non solo aderì all'iniziativa per la classe di quell'insegnante, ma propose di estendere il progetto ad altre classi.

Ecco dimostrato che la stessa idea, posta in una altra maniera, è recepita in modo totalmente diverso e offre un diverso risultato. L'insegnante si è presa la responsabilità della nuova comunicazione e ha realizzato il suo obiettivo, non considerando più come un fallimento la precedente comunicazione non efficace.

Qualcuno potrebbe obiettare che guardare solo al risultato apre la strada a un approccio eccessivamente pragmatico e duro. Tuttavia la PNL ci dice di guardare al risultato, nel senso di comprendere appieno la persona con cui comunichiamo.

SEGRETO n. 14: ricorda che un "no" non va a tutti i costi vissuto come un fallimento. Infatti la stessa idea che scatena una reazione negativa, se posta in maniera diversa, può essere recepita dall'interlocutore in modo assolutamente positivo.

Il concetto di mappa è tutto qui. Se ti assumi la responsabilità della tua comunicazione, sarai maggiormente disposto a capire il modo di vedere le cose dal punto di vista dell'altra persona.

La mappa, quindi, è la visione che una persona, te compreso, ha del mondo. Se decidi di assumerti la responsabilità della tua comunicazione, dovrai adeguarti all'altro, non pretendere che sia lui o lei ad adeguarsi a te, che poi è la cosa che si fa di solito. Infatti, spesso litighiamo con le persone perché pretendiamo che ci diano ragione, che vedano le cose nel medesimo modo in cui le vediamo noi.

Ricapitolando, la Programmazione Neuro-Linguistica studia modelli di eccellenza in base al risultato. Tutto è iniziato dall'osservazione delle persone che riuscivano particolarmente bene nel proprio lavoro. La PNL nacque come forma di terapia, ed ecco perché i primi testi, degli anni '70 e '80, hanno un approccio tipicamente terapeutico.

In quegli anni, infatti, Bandler e Grinder divennero terapeuti e risolsero, pur nuovi del "mestiere", casi di notevole difficoltà. Questo è accaduto perché si ispirarono, per le tecniche e strategie da utilizzare, ai modelli di maggiore eccellenza nella terapia, esattamente come se un giovane studioso di fisica avesse preso a modello Einstein. Quindi, applicando gli stessi schemi, sono riusciti ad ottenere gli stessi risultati. Molto schematicamente è questa l'idea di base della PNL.

Si tratta del **modellamento**; ci si ispira a persone che riescono bene in ciò che fanno, qualsiasi cosa sia, dal lavoro all'essere genitore o figlio. Ad esempio ci si potrebbe chiedere: «Come mai quella mamma ha un figlio tanto obbediente?» Certo ci saranno dei motivi e un modo per ottenere gli stessi risultati. O, ancora: «Perché il mio amico è bravissimo nel guidare?», si può cercare allora di carpire le sue convinzioni.

Guardando a modelli universalmente riconosciuti, potremmo chiederci quali siano le convinzioni di Schumacher sulla guida o di Valentino Rossi sul motociclismo. Quali saranno, poi, quelle del grande calciatore? O, ancora, del mio collega che è bravissimo nel telemarketing o nel fare formazione? E così via. Formarsi ispirandosi ai migliori dà luogo a un modellamento inconscio.

Io mi sono formato con Bandler e Grinder, quindi ero anche assolutamente cosciente di avere a che fare con i migliori, i fondatori stessi della PNL. Tuttavia c'è sicuramente stato qualcosa di inconscio che sono riuscito a modellare da loro al di là di quanto io abbia potuto capire e imparare razionalmente.

L'idea, quindi, è di prendere a modello persone capaci e brave in ciò che fanno, e di cominciare a osservarle attentamente. Con questo ebook capirai come modellare dal punto di vista specifico della comunicazione. Ci interesseremo dei vari livelli di comunicazione e del linguaggio del corpo.

La PNL è partita dal campo della terapia per poi estendersi a tutti gli altri campi: la leadership, la comunicazione, la vendita, la seduzione e qualsiasi altra cosa. Ma la PNL non si ferma, è in continua ricerca e chiunque di noi, ogni giorno, può essere un ricercatore PNL. Nel momento in cui studi una persona particolarmente brava e capace, potresti scoprire cose nuove, nuove tecniche, nuovi modi di pensare, e aggiungere qualcosa alla PNL.

SEGRETO n. 15: nel modellamento ci si ispira a persone che riescono bene in ciò che fanno, qualunque cosa sia, replicando le loro strategie e i loro comportamenti per ottenere gli stessi risultati.

Se tu sei bravo a osservare le parole che una persona dice, i suoi gesti, il modo di usare la voce, ovvero i tre livelli della comunicazione, puoi imparare tantissimo.

La comunicazione si struttura su tre componenti fondamentali: quella **verbale**, quella **paraverbale** e quella **non verbale**. La componente verbale riguarda i contenuti che utilizzi, la struttura delle frasi che pronunci, ciò che dici. Per paraverbale intendo il modo in cui riesci a esprimere i tuoi contenuti. Per non verbale la gestualità con la quale accompagni i tuoi contenuti e gli atteggiamenti che assumi.

Se ancora non la conosci, vorrei che indovinassi la percentuale di importanza di ognuna delle tre ai fini dell'efficacia di una comunicazione.

Di solito a scuola ci insegnano che la componente più importante è quella verbale, pertanto impariamo a tenere a mente i contenuti studiati per poi ripeterli. Ci hanno sempre ripetuto di studiare la storia, la geografia, l'italiano e, tuttavia, mai nessuno ci ha insegnato come memorizzare, ripetere e utilizzare il linguaggio del corpo per essere realmente efficaci, e questo ci ha penalizzato moltissimo. A ben vedere, infatti, non siamo mai stati valutati per quanto sapevamo, ma per il modo in cui lo esprimevamo.

Questo era il mio problema, a scuola come all'università. Io, infatti, mi sono laureato in ingegneria e ogni esame prevedeva sia lo scritto che l'orale. Agli scritti andavo benissimo, perché, avendo una mente matematica, era per me assai semplice svolgere gli esercizi. Al contrario, all'orale spesso perdevo gran parte dei punti guadagnati. Perché? È semplice: nell'esprimermi mi condizionava pesantemente la componente emotiva e mi bloccavo, facendo perdere totalmente peso ai contenuti che pure avevo chiari in mente.

Il professore mi valutava in base alla qualità della mia esposizione, certo non aveva né il tempo né la voglia di rendersi conto di quanto, al momento, mi frenasse il mio imbarazzo. Il mio limite dipendeva dal fatto che nessuno mi aveva mai insegnato a parlare in pubblico con scioltezza e a fare collegamenti tra un argomento e l'altro.

Viceversa, un mio compagno di corso, studente mediocre e del tutto incapace agli scritti, era talmente sicuro di sé e in grado di gestirsi con intelligenza al momento degli orali, da riuscire sempre ad aumentare di alcuni punti la sua votazione. Prendeva un 18 stiracchiato allo scritto che poi, durante l'orale, si tramutava sistematicamente in un 24-25. Il mio esatto contrario.

La capacità del mio amico è qualcosa che si può acquisire facilmente se si prende coscienza di quali siano le percentuali di importanza dei vari livelli – verbale, paraverbale e non verbale – ai fini dell'efficacia della propria comunicazione e si ottiene il conseguente atteggiamento mentale.

I tre livelli di comunicazione vengono per convenzione rappresentati tramite tre abbreviazioni: V, che sta per verbale; PV, che sta per paraverbale; NV, che sta per non verbale. Per paraverbale intendo la modulazione della voce, il tono e il volume di essa, o ancora le pause. Una pausa può conferire suspense a un discorso ed emozionare più di mille contenuti. Il non verbale, invece, si identifica con il linguaggio del corpo, ovvero le espressioni del viso e la propria gestualità.

SEGRETO n. 16: la comunicazione si struttura su tre componenti fondamentali: verbale (V), paraverbale (PV) e non verbale (NV).

Quali sono, secondo te, le percentuali di importanza? Spesso si dà il maggior peso al verbale. Ebbene, per dimostrarti quale sia la realtà, ti faccio un esempio. Immagina se il primo giorno di un mio corso entrassi in aula a capo chino e braccia conserte, e con voce spenta e annoiata dicessi: «Buongiorno… sono molto contento di essere con voi… siete veramente un bel gruppo e io ho molta passione nell'insegnare…». Dimmi, parlando in questo modo cosa ti avrei trasmesso? Tutto il contrario di ciò che ho detto!

Quindi, nel momento in cui comincio a parlare, tu ascolteresti contenuti anche molto interessanti e di forte impatto, ma detti con un tono assolutamente monocorde e apatico. Tutto ciò, magari accompagnato da un non verbale di totale chiusura, con il capo chino, e di totale contraddizione, come il dire di no quando si dice di sì e viceversa. Quindi, certo, la parte verbale è importante, ma se il paraverbale e il non verbale non sono congruenti e allineati ad essa, vale davvero poco.

Bene, è giunta l'ora di svelare le percentuali di importanza cui ti accennavo: il verbale non totalizza che un misero 7 per cento, contro il 38 del paraverbale e il 55 del non verbale. Visualizziamo ora meglio i livelli della comunicazione tramite la "torta della comunicazione", che trovi schematizzata nella pagina successiva a questa con le percentuali bene in evidenza.

Torta della comunicazione

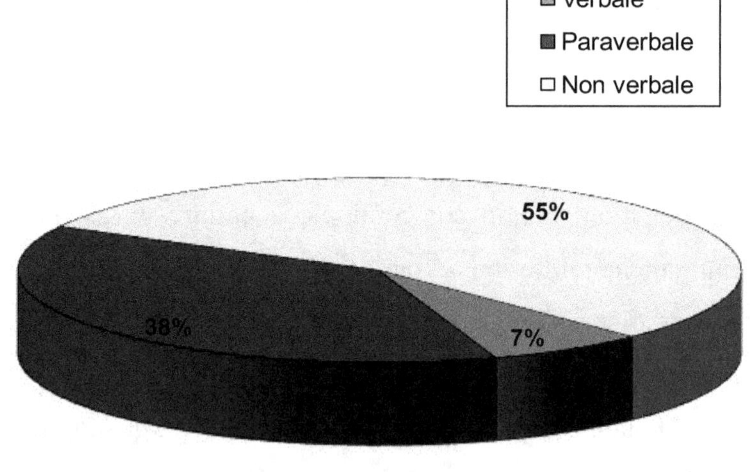

Puoi notare come i contenuti, in confronto al resto, siano davvero poco importanti. Ha assai più peso la modulazione della voce e la sicurezza con cui si esprimono i concetti, come dimostra l'esempio del mio collega di università. Era sicuro di sé, aveva un tono di voce all'altezza della situazione e, anche quando i contenuti espressi non erano quelli giusti o c'erano degli errori nei collegamenti, il professore sembrava non coglierlo; piuttosto percepiva la sua sicurezza, che poi è l'unico modo per dimostrare di aver incamerato bene i concetti studiati.

Se cominci a tentennare, pur avendo studiato bene, a volte anche troppo, appari insicuro riguardo i contenuti che esprimi e i collegamenti che fai, non raggiungendo il risultato. Ancora, seppur esprimi i giusti contenuti con voce sicura, ma lo fai dicendo di no con la testa e tremando a qualsiasi cenno del professore, dimostri di non avere il controllo su te stesso e perdi il 55 per cento delle tue possibilità di comunicare bene ed efficacemente.

Il tuo nome, ad esempio, non è che una parola, ma lo percepisci diversamente a seconda del modo in cui viene pronunciato. È del tutto diverso, infatti, se a dirlo è la tua fidanzata, o il tuo fidanzato, piuttosto che un tuo collega di lavoro o il tuo capo ufficio.

SEGRETO n. 17: all'interno di una comunicazione, le percentuali di importanza attribuibili ai tre livelli sono le seguenti: 7 per cento per il verbale, 38 per cento per il paraverbale e 55 per cento per il non verbale.

Le percentuali di cui ti ho parlato sono frutto di uno studio degli anni '50 e sono state poi confermate da tutte le scienze della comunicazione, compresa la PNL, che le ha fatte sue, aggiungendo, però, un punto di fondamentale importanza. Ha affermato, cioè, che sono valide soprattutto al primo impatto con una persona e per i primi minuti di comunicazione, poi i contenuti acquisiscono un peso maggiore. Certo, l'efficacia della comunicazione dipenderà anche da quanto tempo avrai a tua disposizione per comunicare.

In uno dei miei corsi in aula, ad esempio, le percentuali base valgono per la prima mezz'ora. Come mi presento, la sicurezza con cui do le prime informazioni e con cui trasmetto le mie convinzioni sono tutti aspetti importantissimi. Però poi, ovviamente, nell'arco di un'intera giornata, contano molto anche i contenuti che esprimo. Se io, parlando con molta sicurezza e con una fisiologia allineata, non dico nulla di interessante, i miei allievi torneranno a casa pensando che sì, sono bravissimo nel comunicare, ma sono carente nei contenuti.

La PNL ci dice che, andando avanti la comunicazione, la parte verbale può arrivare sino a un 50 per cento di importanza; ma ricorda: soprattutto nei primi minuti, non andrà mai oltre le percentuali del paraverbale e del non verbale. Quindi, sappi che, in modo particolare se lavori nel telemarketing o nella vendita al dettaglio, ti giochi la conclusione dell'affare nei primi minuti di trattativa.

Dopo aver realizzato il mio primo videocorso ho voluto provare a riascoltarlo velocemente, per vedere se si capiva ugualmente qualcosa. A me pareva fosse così, e ne ho avuto la conferma da parte di un'altra persona che assisteva alla proiezione. L'ho ringraziata, dicendo che quello mi sembrava il più bel complimento che potesse farmi. Ascoltando velocemente, infatti, si percepivano solo il paraverbale e il non verbale; era dunque provato che riuscivo a comunicare bene anche in assenza di verbale.

SEGRETO n. 18: la PNL, rispetto alle percentuali di importanza dei tre livelli all'interno di una comunicazione, ha stabilito che esse valgono soprattutto al primo impatto con una persona e per i primi minuti, poi i contenuti acquisiscono un peso maggiore.

Questo è importante non solo quando parli, ma anche quando ascolti. Ti è mai capitato, ad esempio, di percepire che una certa persona, a pelle, non ti piacesse? Magari stavi trattando un prodotto che pure ti convinceva molto, ma nell'atteggiamento del venditore qualcosa stonava.

La spiegazione di questa circostanza riguarda il concetto di congruenza. In particolare si parla di "congruenza dei livelli" (verbale, paraverbale e non verbale) quando tutti e tre esprimono coerentemente la stessa cosa. Quindi la tua comunicazione sarà congruente se i tre livelli sono allineati.

Sino ad oggi non sapevi neanche che esistessero, per cui, quando ti è capitato di notare un'incongruenza nella comunicazione di qualcuno, non l'hai percepita a livello conscio, anche se istintivamente avvertivi che qualcosa non quadrava. Può darsi, allora, che la differenza stesse, nel caso appena descritto, nella mancata congruenza del venditore. Sì, ti parlava con sicurezza e in modo convincente del prodotto, anche a livello di contenuti, ma forse era il primo a non crederci davvero; chi lo sa?

Se sei un venditore e non credi nel tuo prodotto, trasmetterai la tua insicurezza anche ai tuoi clienti. Può darsi che a tradirti sia un'inflessione della voce nel momento clou. Ad esempio, nei corsi sul coaching e sulla vendita faccio esercitare i miei allievi a gestire il tono di voce al momento in cui dichiarano il prezzo del prodotto o del servizio. Il 90 per cento di coloro che vendono, al momento di dichiarare il prezzo, specie poi se si tratta di un prodotto non concreto, si blocca o, peggio, ha un'inflessione di voce stentorea.

Pare quasi siano convinti di essere in procinto di rifilare un imbroglio al cliente di turno e che il proprio prodotto, in realtà, non valga per quanto chiedono di esser pagati. Invece la propria convinzione nella validità del prodotto si trasmette proprio nel momento in cui si è in grado di dirne il prezzo senza tentennamenti di sorta.

Per aiutarli a superare questa difficoltà chiedo ai miei allievi di decidere mentalmente un prezzo per il proprio prodotto, dopo di che li invito a raddoppiarlo e ad abituarsi a pensare che, effettivamente, abbia quel valore. In questo modo anche tu, nel momento in cui dirai alle persone il prezzo che inizialmente avevi deciso, non avrai più alcun imbarazzo e, anzi, ti sembrerà di essere nel giusto e sentirai che non stai imbrogliando nessuno.

Quindi è la propria autostima, sono le convinzioni sul proprio valore e sul valore del proprio prodotto che determinano il modo in cui andiamo a comunicarlo agli altri, con un paraverbale che sia all'altezza. Facci caso: quando qualcuno ti deve dire il prezzo del prodotto che vende cerca di tergiversare, rimanda il momento clou il più possibile. Poi non usa una linguistica netta, inizia a dire: «Il prodotto costerebbe…», e non "costa". Ricorda che anche la linguistica da noi utilizzata per comunicare è importantissima.

Nella Programmazione Neuro-Linguistica la parte di linguistica è fondamentale. Se usi un congiuntivo o un condizionale invece dell'indicativo, cambia ciò che trasmetti, mutano gli operatori modali. Se invece di dire "potrei" o "dovrei", dici "posso" o "voglio", cambia totalmente il tuo modo di porti nei confronti delle cose, il modo in cui ti esprimi e le sensazioni associate.

In PNL, come ci dice lo stesso nome, così strano e denso, la nostra linguistica è legata alla nostra neurologia, ai programmi che girano nella nostra mente.

SEGRETO n. 19: si parla di "congruenza dei livelli" quando tutti e tre esprimono coerentemente la stessa cosa. Quindi la tua comunicazione sarà congruente se i tre livelli sono allineati.

Un altro dei presupposti della PNL è che *non possiamo non comunicare*. Ogni individuo non comunica solo parlando e, particolarmente, parlando in un certo modo e con certi gesti, ma anche non parlando. Quindi se il tuo verbale è uguale a zero e stai tacendo, non per questo sei inerte; semplicemente stai utilizzando il non verbale. Magari non parli per creare una pausa ad arte, per dare un po' di suspense ai tuoi contenuti. Dipende cosa stai comunicando e a chi.

Ad esempio mi sono reso conto che in un corso dal vivo la pausa va benissimo, crea maggiore attenzione, mentre in un videocorso diventa un'attesa interminabile, intollerabile, non ha senso. Chi vede il video a casa propria si potrebbe chiedere perché il trainer non parla in quel momento.

SEGRETO n. 20: ogni individuo non comunica solo parlando, ma anche tacendo. Quindi, se il tuo verbale è uguale a zero, non per questo sei inerte, ma stai semplicemente utilizzando il non verbale.

Nel contesto in cui comunichi è importantissimo l'utilizzo di queste tre percentuali. L'importante è non mandarne sprecata nessuna; perché se utilizzi solo il verbale avrai un 93 per cento di possibilità di non farti comprendere e starai perdendo punti e possibilità di raggiungere il tuo risultato.

A questo punto ti riporto la trascrizione di una dimostrazione fatta in aula, affinché il concetto ti sia più chiaro possibile.

****

GIACOMO: Ho bisogno di un volontario che abbia un'alta autostima. Chi di voi ce l'ha? Arianna? È un esercizio molto facile. Lei vi descriverà un disegno e voi dovrete replicarlo. Però non potrete farle nessuna domanda e comunicare con lei, ma solo ascoltarla. Immaginate che stia parlando per radio, non fate domande, ascoltatela e basta, nessun feedback, nessuna retroazione. Arianna descriverà questo disegno nella migliore maniera possibile.

GIACOMO: Se vuoi girarti va bene. Ecco, vai dietro la lavagna, così non puoi guardarli.

ARIANNA: Vi sono disegnati dei rettangoli. Il primo rettangolo deve essere posto al centro del foglio in alto, con la sua base più lunga disposta in modo orizzontale. Il secondo rettangolo è unito al primo al centro della sua base più alta. Ha la stessa grandezza del primo rettangolo ed è posto quasi in modo perpendicolare all'angolo estremo del primo rettangolo. Poi c'è un terzo rettangolo che è posto in modo obliquo rispetto al foglio, e la sua base minore poggia sul secondo rettangolo al centro della sua base. Il quarto rettangolo è posto al centro del terzo rettangolo e poggia completamente la sua base, la sua piccola base al centro del terzo rettangolo, in obliquo rispetto al foglio. Il quinto rettangolo è posto al centro del quarto rettangolo in modo obliquo. Abbiamo ancora qualche secondo per l'ultimo?

GIACOMO: Cinque.

ARIANNA: Vi è un sesto rettangolo posto in modo laterale rispetto all'ultimo rettangolo, anch'esso obliquo però parallelo rispetto al quarto rettangolo disegnato… Insomma…

GIACOMO: Va bene, facciamo un applauso ad Arianna e vediamo un po' i disegni che avete fatto. [*guardando i disegni del pubblico*] Questo è un dramma! Qui ce ne sono due, qui più o meno ci siamo, mentre qui è tutto confuso. Bene, vi farò vedere il disegno originale, che era questo…

Perché, secondo voi, ho chiamato una persona che avesse alta autostima? Perché non si sentisse criticata dal risultato drammatico che c'è stato. Vi posso dire che è stata anche molto brava, perché vi ha descritto i disegni ripetendo ogni volta ciascun rettangolo e prendendosi molto più tempo di quello che aveva. Nonostante tutto, ne è uscito fuori qualcosa di pietoso. Non è colpa vostra. Di chi è la responsabilità della comunicazione? Di chi comunica.

Qual è stato il problema secondo voi? Cosa è mancato? Provate a dirmi cosa è mancato. [*Il non verbale!*]. Sì, il non verbale, per esempio. Lei, infatti, ha usato solo il 7 per cento, ossia il verbale, e la parte paraverbale, che però nel descrivere un disegno serve a poco. Immaginate se avesse potuto usare il non verbale! Anche muta, infatti, avrebbe potuto mostrarvelo disegnando in aria con le mani. Io credo che non avrebbe impiegato più di venti secondi.

Siete d'accordo? La parte non verbale è di grandissimo supporto alla nostra comunicazione, al nostro verbale, ecco perché il risultato non è stato raggiunto: mancava un 55 per cento fondamentale. Per raggiungere il risultato di comunicare efficacemente è necessario usare al meglio e al massimo delle proprie possibilità tutt'e tre le componenti della comunicazione.

Questo vale anche quando si tratta di una comunicazione a senso unico, come nel caso di Arianna, che doveva comunicarvi qualcosa usando solo verbale e paraverbale. Con il non verbale avrebbe potuto darvi qualcosa in più. Cosa vi sembra sia mancato ancora? Certo, l'interazione, il feedback, la retroazione, la possibilità di comunicare con voi.

Perciò lei comunicava, ma lo faceva non sapendo se stavate capendo o se avevate dei dubbi. Sarebbe stata sufficiente una vostra domanda: «Scusa, puoi ripetere? Non ho capito il primo rettangolo… se è piccolo o grande», o anche solo un'espressione accigliata del viso per farle capire che occorreva ripetere. La possibilità di interagire con gli occhi o con la voce è importante, evita la necessità di fare domande.

****

Quindi la comunicazione efficace si basa su un'andata, il comunicare vero e proprio, ma anche su un ritorno, ossia il feedback che ci arriva dagli altri. In base al ritorno che ottieni, tari la tua strategia sulla mappa del soggetto con cui stai interagendo. Prendersi la responsabilità della propria comunicazione, soprattutto in un lavoro come il mio, è di fondamentale importanza. Di certo se i miei allievi non capiscono, non posso disinteressarmene e andare avanti lo stesso come se niente fosse. Questo che conseguenze avrebbe? Gli allievi non capirebbero, rimarrebbero sempre indietro e otterrei una classe dal rendimento molto basso. È l'insegnante che, ai primi segnali di incertezza, deve chiedere se è tutto chiaro, se tutti hanno capito o meno. Semplicemente si assume la responsabilità della sua comunicazione.

A questo proposito, in America è stato fatto un esperimento, che aveva come oggetto i modelli comportamentali di due classi di alunni. Il responsabile dell'esperimento, affidando per il periodo di un anno le classi agli insegnanti, disse loro: «Questo gruppo di alunni è composto da geni, mentre quest'altro da ragazzi con problemi di apprendimento.» In realtà entrambe le classi erano composte da alunni con un quoziente intellettivo perfettamente nella media, però la premessa serviva per creare un condizionamento negli insegnanti.

A fine anno le classi vennero sottoposte ad alcuni test. I risultati dimostrarono che i ragazzi etichettati come "meno capaci" erano divenuti ancora meno recettivi all'apprendimento, mentre quelli etichettati come "geni" erano realmente migliorati in maniera eccezionale. Ora, cosa è capitato? Che l'insegnante, di fronte alla classe più "difficile", convinta dell'incapacità di apprendimento dei suoi alunni, non si era impegnata più di tanto a rispiegare più e più volte un argomento; questo perché era certa di non approdare a nulla.

Al contrario, di fronte alla classe dei "geni" aveva spiegato ad oltranza, finché i concetti non erano stati recepiti, perché pensava che, essendo geni, non avrebbero potuto non capire. Si trattava solo di un esperimento; i ragazzi, infatti, erano perfettamente nella media in entrambi i gruppi. A fare la differenza sono state le convinzioni degli insegnanti e la loro incapacità di assumersi la responsabilità della propria comunicazione. Può essere comodo passare la palla al prossimo, ma non ci aiuta e soprattutto non ci porta a raggiungere risultati; questi, invece, rappresentano lo scopo che la PNL si prefigge.

Abbiamo parlato di quanto sia importante valutare l'efficacia della nostra comunicazione in base ai risultati ottenuti, perché questo ci consente di assumerci la responsabilità e di cambiare strategia in caso di bisogno. Inoltre ci aiuta ad affrontare quelli che fino a ieri chiamavamo "fallimenti" e "sconfitte" in maniera nuova, ossia come "insegnamenti" utili che ci permettono di acquisire nuovi strumenti.

Se la tua comunicazione nei confronti di un'altra persona non funziona, sappi che questo momentaneo intoppo non va vissuto come una sconfitta, un limite, ma piuttosto come un aiuto per imparare e migliorare. Se una pagina del mio sito non funziona, non sto a chiedermi il perché, non mi colpevolizzo, e questo vale per tutti gli aspetti della vita, non solo per la comunicazione. Piuttosto mi chiedo come migliorarlo per ovviare al problema. Non ha senso colpevolizzarsi e pensare di aver fallito.

Se hai attuato una comunicazione non efficace, non devi concentrarti sul fallimento, perché non lo è. Si tratta solo un modo per imparare qualcosa di nuovo e, quindi, per cambiare strategia, assumendoti la responsabilità di ciò che stai facendo. Raggiungerai così il risultato da te voluto.

Ad esempio, è noto che Edison, inventore della lampadina, ha dovuto fare diecimila tentativi prima di avere successo con il suo esperimento. Tentativo dopo tentativo, però, non si è dato per vinto; non gli sono sembrati troppi e, forse, avrebbe continuato ancora. Si sa anche che Walt Disney, nel tentativo di ottenere il finanziamento per Disneyland, bussò alle porte di più di trecento banche. Non si è mai perso d'animo e, al trecentesimo tentativo, ha avuto successo. Quanti di noi si sarebbero dati per vinti molto prima? Altro che trecento fallimenti! Dopo cinque, forse, avremmo rinunciato. La differenza è che lui non ha mai definito i "no" ricevuti come fallimenti, invece ha sempre pensato che avrebbe potuto spiegare con maggiore efficacia il suo progetto al direttore di banca successivo. Ci ha provato una, due, trecento volte, finché, alla trecentunesima, qualcuno ha capito la sua idea e la storia dimostra quanto fosse grandiosa. Probabilmente la banca ha fatto la sua fortuna e Disney ha realizzato il suo sogno. Occorre sfruttare l'intera nostra capacità comunicativa per raggiungere risultati soddisfacenti.

Prima ti dicevo che spesso, nell'ambito di una comunicazione, è sufficiente osservare l'espressione di chi ti ascolta per intuire che qualcosa non va per il verso giusto. Bastano un sopracciglio alzato o una fronte corrugata a dare il polso della situazione. Quindi, bisogna sempre considerare il feedback che ci viene dalla persona con cui stiamo comunicando.

Ad esempio, giorni fa mi trovavo fuori Roma; per arrivare in hotel ho preso un taxi e ho chiesto al tassista: «Prego, mi porti all'Hotel Excelsior in via…». Il tassista non ha risposto nulla, è semplicemente partito. Io ho supposto che avesse capito le mie indicazioni, ma non ero soddisfatto. Una buona comunicazione, una comunicazione efficace, avrebbe richiesto una sua risposta, un suo feedback, un: «Bene, ho capito. Allora la porto all'Hotel Excelsior in via...», che mi rendesse certo dell'efficacia della mia comunicazione.

Bandler tiene assieme a John La Valle un corso denominato "Ingegneria della persuasione"; una delle nozioni chiave riguarda il ricalco. Per fare un buon ricalco, insegnano, è necessario non "parafrasare" ciò che ci dice il nostro interlocutore, ma piuttosto "pappagallare". Infatti, spiegano Bandler e La Valle, parafrasando si rischia di sbagliare, di fraintendere. Se infatti una persona ti dice: «Questo corso è **straordinario»**, e tu rispondi: «Sì, è davvero **bellissimo»**, non hai creato sintonia fra te e l'altro, perché hai cambiato una parola fondamentale. Probabilmente, infatti, nel suo linguaggio interiore la parola "straordinario" è carica di significati che tu non puoi immaginare, e cambiandola in "straordinario" vai a cozzare con la sua visione dell'esperienza. Bandler e Grinder ci insegnano che essere precisi dal punto di vista linguistico è d'importanza fondamentale.

Pappagallando ripeti alla persona con cui parli le stesse parole chiave che ha pronunciato. Certo, non fermarti a replicare ogni sua singola parola, perché otterresti l'effetto contrario, il tuo interlocutore si sentirebbe preso in giro. Se il tassista mi avesse detto: «Bene, la porto all'Excelsior», avrei ricevuto un chiaro segnale circa il fatto che aveva capito; era questo che mi interessava.

SEGRETO n. 21: per fare un buon ricalco, è necessario non "parafrasare" ma "pappagallare". Parafrasando, infatti, si potrebbe portare l'interlocutore a non riconoscere più nella frase modificata il senso di ciò che ha inteso dire. Pappagallando, invece, questo non accade, perché si ripete fedelmente la frase dell'interlocutore.

L'ingegneria della persuasione è un lavoro di grandissima precisione sulla linguistica. Per poterlo fare occorre attivare in noi stessi un'abilità denominata **calibrazione**. La calibrazione è un argomento che tuttora Bandler, Grinder, La Valle, Robert Dilts e tutti i grandi della Programmazione Neuro-Linguistica continuano a insegnare anche ai livelli di formazione e specializzazione più alti. Perché, anche essendo una delle abilità di base, spesso viene trascurata e non è mai sfruttata a sufficienza.

Calibrare vuol dire osservare minuziosamente la comunicazione del tuo interlocutore in tutti e tre i suoi livelli e anche nei più piccoli particolari, che potrebbero comunicarti spunti interessanti su di lui. La calibrazione non va confusa con le teorie che riguardano il linguaggio del corpo, che affermano che ciascun gesto, ciascun movimento, hanno un significato ben preciso. Quindi, ad esempio, il fatto che qualcuno sia a braccia conserte dovrebbe sempre e comunque comunicarci chiusura, se è a braccia aperte, apertura, e così via.

Invece, secondo la PNL non sussiste, tra l'aspetto fisico e quello psicologico di una qualsiasi persona, un rapporto tanto stretto e rigido. Tu, infatti, potresti stare a braccia conserte perché hai freddo, oppure semplicemente perché è una posizione che ti fa sentire a tuo agio. Per un tuo atteggiamento ci possono essere mille motivazioni. La PNL non si chiede il perché delle cose, giacché non è né una scienza né una teoria e, soprattutto, in quanto il "perché" va ad approfondire un problema. La PNL si focalizza piuttosto sul "come" raggiungere il risultato, il che ci proietta già sulla soluzione. Il chiederti perché non l'hai raggiunto ti porterebbe solo a deprimerti. La focalizzazione comporta chiedersi non il "perché", quanto piuttosto il "come".

Non hai raggiunto il risultato che volevi? Bene, chiediti come puoi raggiungerlo. Le teorie sul linguaggio del corpo, quindi, vengono ritenute eccessivamente rigide dalla PNL, che invece utilizza la calibrazione. Tu osservi l'altra persona e raccogli alcuni indizi, poi li sommi e ti rendi conto che, magari, chiude le braccia ogni volta che parla del marito. Quindi trai la conclusione che lo stringere a sé le braccia non è un segnale di chiusura nei tuoi confronti, ma magari un atteggiamento di difesa nei confronti del marito e così via.

Ancora, osservi una data espressione degli occhi, un certo movimento della mano, le gambe incrociate, un andare indietro, un venire in avanti, quindi una serie di movimenti, anche a livello paraverbale.

Si parla di **calibrazione auditiva** quando si ascolta e, magari, si scopre una certa inflessione nella voce quando si arriva a dichiarare il prezzo. L'abilità sta proprio nel capire che c'è qualcosa che stona. Non siamo abituati a farlo in maniera cosciente, ma semmai solo inconsapevolmente e ce ne accorgiamo perché, a livello inconscio, il cervello ha raccolto una serie di informazioni che ci hanno portato alla sensazione di disagio. Potrà essere stata un'espressione accigliata in un determinato momento, un atteggiamento di chiusura e così via.

In aula, da formatore, se vedo una o più persone adottare l'espressione tipica di chi non ha capito, potrei sia pensare che non hanno afferrato pienamente il senso del mio discorso, sia che, invece, l'hanno compreso perfettamente. Nel dubbio glielo chiedo e dico: «Tutto chiaro? Avete domande?» Quindi procedo a calibrare l'aula, ossia faccio in modo di tener d'occhio contemporaneamente un po' tutti e cerco di capire se è il momento della pausa, se quell'argomento non è chiaro e va ripetuto o, ancora, se ci sono altre esigenze.

Ad esempio, a un corso mi è capitata una persona che aveva come sua espressione normale la fronte corrugata. All'inizio chiedevo: «È tutto chiaro?» E lui mi rispondeva: «Sì, sì, tutto chiaro.» Dopo un po' fa ancora questa faccia e chiedo: «È tutto chiaro?» E lui: «Sì, sì, è chiaro.»

Ho poi avuto modo di conoscerlo bene, perché ha seguito tutti i miei corsi, e ho capito che erano movimenti naturali con i quali atteggiava la faccia. Magari lo faceva per distendere i muscoli, questo non significava che non avesse capito. Quindi, nel dubbio, chiedi, senza vergogna e senza paure. È anche un segno di rispetto e di interesse nei confronti dell'altra persona, è comunque una cosa buona.

Una volta ho fatto un esercizio di calibrazione in aula, con un volontario per la dimostrazione e il pubblico come osservatore. Ti riporto la trascrizione perché tu comprenda meglio quest'abilità.

****

GIACOMO: Ora, per allenare quest'abilità, procederemo ad eseguire degli esercizi di calibrazione, che, tra l'altro, sono anche molto divertenti. Ho bisogno di una persona che ritenga di essere abbastanza espressiva. Il gioco che facciamo è questo: per una trentina di secondi devi pensare a una persona che ti è antipatica, poi, per altri 30 secondi, a una persona che ti è simpatica. I tuoi colleghi di corso, intanto, calibreranno, cercando di carpire dal tuo linguaggio del corpo, dalla tua espressione, dal movimento dei tuoi occhi o altro, a chi dei due stai pensando. Fatto ciò, ti chiederò di pensare a una delle due persone. Non dovrai dirci a quale stai pensando, dovremo intuirlo facendo il raffronto con le tue espressioni e i tuoi atteggiamenti precedenti. Lo scopo dell'esercizio non è indovinare a tutti i costi, ma imparare ad osservare la persona che abbiamo di fronte, cogliendo anche i più piccoli segnali della sua comunicazione.

Quindi ciò che dovrete osservare è anzitutto il viso, il movimento degli occhi e la loro direzione, l'espressione delle labbra e poi passare al resto del corpo. Questo, forse, può darci qualche notizia in più, perché in genere siamo più bravi e abituati a controllare il viso che non il resto del corpo. Più le parti del corpo interessate sono lontane dal viso e meno sono controllate. Il movimento di un piede, di una mano, spesso non sono sotto il nostro controllo.

Ora pensa a una persona che ti è antipatica, immaginati con lei in qualche situazione particolare che hai vissuto o che potresti vivere. Ti è veramente antipatica… Bene, può bastare. Avete osservato un po' di segnali? Ora pensa a una persona che ti è simpatica. Una con cui stai veramente bene, che adori, con cui ti trovi bene in ogni situazione… Ora non pensare a nulla.

Voi avete calibrato tutto? Avete osservato, oltre al viso, anche il resto del corpo? Ora penserà a una delle due, non ci dirà quale, ce lo dirà dopo. Ora pensa a una di queste due persone e non dircelo…

VOLONTARIO: È troppo evidente!

GIACOMO: Non lo so, spesso sbagliano lo stesso, anche se a te sembra evidente. Poi, certo, se fai un sorriso a 32 denti si capisce per forza! Bene, guardate, poi mi direte cosa avete notato. Ora pensa a una di queste due. Osservati in situazioni con lei o lui, immagina di parlare con lei o lui, ogni situazione possibile con questa persona. Va bene, alzi la mano chi pensa che stesse pensando alla persona antipatica. Ora, chi pensa che stesse pensando alla persona simpatica? Astenuti? Chi dice simpatica? Voi? Dimmi cos'hai notato.

PUBBLICO: L'espressione del viso, il corpo rilassato, come si è seduta. Ha ripetuto esattamente lo stesso gesto che ha fatto prima, quando ha pensato alla persona simpatica: ha scavallato e accavallato le gambe verso la fine dei trenta secondi.

GIACOMO: L'importante è che non notiate solo il viso, perché dal sorriso era molto evidente a chi pensasse, però, nella vita di tutti i giorni, non avrete una persona super espressiva che pensa sempre al sorriso, né potrete fermare una persona e dirle: «Pensa a qualcuno che ti è simpatico o antipatico». Dovreste essere in grado di cogliere *piccoli segnali*, al di là del viso, soprattutto perché non coscienti, e ciò vi darà molte più informazioni, attraverso le quali potrete calibrare molto meglio.

****

È ovvio che nella vita reale non puoi fermare una persona per chiederle di mostrarti le sue espressioni e la sua gestualità, però puoi ugualmente riuscire a captarle. Ad esempio puoi chiederle di parlare delle sue esperienze passate e far caso alla differenza del suo atteggiamento nel ricordare eventi positivi o negativi. Se sei un venditore di macchine, potresti chiedere al cliente: «Lei che macchina ha? Ne è soddisfatto?» Se ti dice che è molto soddisfatto e mentre lo dice ti sorride, atteggia gli occhi e mette le mani in un certo modo, puoi dedurne che ti sta dicendo la verità.

Poi potresti chiedergli se gli è mai capitato di acquistare una macchina che lo ha deluso. Nel recuperare quell'esperienza dalla sua mappa si immedesimerà in essa e si porrà nello stato d'animo di delusione collegato a quel prodotto. Perciò, come vedi, anche attraverso domande molto semplici è possibile calibrare anche le più piccole inflessioni del corpo o della voce.

Anche nella seduzione, come spiego nel mio libro *Seduzione*, si possono riuscire a captare in maniera nascosta espressioni e gestualità altrui. Puoi chiedere: «Ti è mai capitato di frequentare qualcuno che ti ha poi deluso?» Osservi la persona e la calibri.

Poi chiedi: «Hai vissuto invece una storia che ti ha soddisfatto, in cui ti sei sentito realmente innamorato?» Se ti risponde di sì, ancora, osservi e calibri. Poi, alla fine chiedi: «Non so se stasera ti va di uscire con me…», osserva la sua espressione e comparala con quella riguardante l'esperienza positiva o negativa, poi regolati di conseguenza.

Quindi, ricorda, prima calibra e poi sfrutta le informazioni acquisite per portare a buon fine la tua vendita, per attuare la tua seduzione o per fare ciò che vuoi. Ovviamente fallo in maniera nascosta, senza fermare le persone e dire: «Pensa a questo o pensa a quest'altro!» Non c'è bisogno di chiederlo, lo fanno automaticamente nel momento in cui fai loro una domanda nascosta, come ti ho indicato poco fa. Le domande nascoste, infatti, sono potentissime!

Questo è evidente nel campo della persuasione, nel quale le domande possono realmente guidare le persone a immedesimarsi in stati d'animo passati e presenti e vivere situazioni di soddisfazione, innamoramento e quant'altro. Tutto questo è fondamentale ai fini di una comunicazione quanto più efficace possibile.

Quindi la calibrazione consiste nell'imparare a osservare i piccoli dettagli dell'atteggiamento delle persone. Ora, nell'esempio del corso, non era difficile indovinare perché la signora che si è prestata per eseguire l'esercizio fosse molto espressiva. Tuttavia, dato che nella vita reale non sempre è così, è importante che ti abitui a guardare. Non si tratta di indovinare, di capire, quanto piuttosto di osservare. Ricorda, infatti, che rispetto al semplice verbale, c'è il 93 per cento di informazioni in più da indagare osservando una persona. È ovvio che non puoi perderle, quindi calibrando acquisisci anche quelle.

Ora faremo alcuni esercizi, perché solo così potrai acquisire quest'abilità in maniera inconscia. Una volta che l'avrai assorbita, sarai conscio di possederla, la metterai in pratica e ti diverrà automatica. A quel punto tornerà ad essere inconscia, ma potenziata.

SEGRETO n. 22: la calibrazione ti permette di osservare minuziosamente la conversazione del tuo interlocutore in tutti e tre i suoi livelli, e anche nei più piccoli particolari che possono comunicarti spunti interessanti su di lui.

Bandler, durante i suoi corsi, fa anche fare esercizi di **calibrazione auditiva** utilizzando delle monetine. Chiama un volontario e lo fa bendare, dopo di che lascia cadere su di una superficie, una ad una, cinque monetine, affinché la persona bendata riesca a percepire la diversità dei vari suoni. Infine toglie la benda alla persona e fa nuovamente cadere le monetine, stavolta in ordine sparso, chiedendo alla persona se riesce a riconoscerne il suono e a individuarne il numero in base all'ordine precedentemente rispettato.

Questo esercizio si esegue per abituarsi a percepire le più piccole, minime differenze anche tra i suoni, per sviluppare le potenzialità dell'udito. Questa è una capacità molto evoluta nei non vedenti, che infatti, non potendo vedere immagini, riescono a percepire anche le più sottili diversità tra suono e suono.

Io ho fatto questo esercizio con Bandler e nei giorni seguenti mi sono reso conto di avvertire la diversa intensità dei suoni. Anche nel distinguere fra un suono e un altro esistono una serie di submodalità (così vengono chiamate in PNL). Ho imparato a distinguere un suono più profondo da uno che lo era meno, un suono più vicino da uno più lontano e, probabilmente, in questo mi ha aiutato l'esercizio fatto durante il corso.

È interessante fare questi esercizi di calibrazione a coppie, quindi trova qualcuno che ti possa aiutare e chiedigli di pensare, nell'ordine che preferisce, a una persona simpatica e a una antipatica. Nel frattempo tu osserverai ogni sua espressione, ogni suo movimento del viso e del corpo. Dopo di che dovrà pensare a una delle due persone senza dirti quale e tu dovrai capire di chi si tratta. Vedrai che nel 90 per cento dei casi indovinerai. Tuttavia l'importante non è tanto questo, quanto piuttosto imparare a osservare le persone.

Fai assolutamente attenzione ad essere quanto più obiettivo possibile. Devi dar peso a tutto ciò che vedi e osservi, non devi interpretare. Quindi va bene dire: «Aveva gli occhi un leggermente socchiusi», che è un dato, ciò che vedi. Ma un'altra cosa è dire: «Aveva gli occhi vagamente rilassati.» Che intendi per rilassato? Lo stato di rilassamento è una cosa totalmente soggettiva, ognuno lo raggiunge in un suo modo, non è un dato oggettivo. Quindi fermati a ciò che è oggettivo, ai dati concreti, non fare supposizioni, non interpretare, che è poi l'errore che ti inducono a fare i libri di comunicazione non verbale.

Ad ogni modo, se non hai a disposizione un partner per fare l'esercizio, puoi anche arrangiarti da solo. Mettiti davanti allo specchio e segui esattamente la procedura. Osserva le differenze tra le espressioni che vedi passare sul tuo viso e nell'atteggiamento complessivo che assumi nel pensare a una persona simpatica o antipatica. La cosa importante, in questo contesto come altrove, è osservare, e ti accorgerai che le persone muovono anche i più piccoli muscoli del viso e del corpo, che usano una gestualità significativa e che vi sono gesti che si ripetono e ai quali puoi attribuire un significato preciso.

È molto importante imparare a riconoscere i segnali che i nostri interlocutori ci inviano, anche i più piccoli. Non è altrettanto importante riuscire a capire esattamente cosa significano; infatti non è necessario assegnare un'etichetta fissa a un dato gesto piuttosto che a un altro e più avanti, quando ti descriverò a fondo la tecnica del ricalco, capiremo il perché.

L'importante è che ti abitui a osservare tutto, ogni più piccolo segnale, per poi raccogliere il feedback, ossia la risposta, la retroazione che segue, nell'altro, alla tua comunicazione.

Durante i miei corsi in aula cerco di percepire ogni più piccolo segnale che mi inviano i miei allievi. Mi basta cogliere l'espressione di una persona per comprendere che non ha capito o che non è d'accordo con me. Attraverso quel feedback riesco a mantenere la giusta rotta verso il raggiungimento del mio obiettivo. Il responsabile della comunicazione deve essere quanto mai flessibile per adeguarsi, attraverso il feedback e la successiva calibrazione, all'interlocutore o all'uditorio che ha di fronte.

Se non si ha un feedback, infatti, si resta facilmente disorientati. Ricordi l'esempio del tassista? Alla mia richiesta è partito senza dirmi se aveva capito o meno, senza che potessi avere la certezza della sua comprensione. La stessa cosa accade quando ordino un caffè al bar. La maggior parte delle volte il barista fa il caffè senza chiedermi se è davvero ciò che voglio. Magari l'ho detto al collega e lo ha sentito, perché i baristi sentono tutto, registrano tutto, sono bravissimi; però se non ti danno il feedback immediato, non puoi avere la certezza che abbiano capito.

RIEPILOGO DEL GIORNO 2:

- SEGRETO n. 10: Bandler ritiene che così come un PC ha in sé una serie di programmi che lo fanno lavorare in un dato modo, un individuo abbia una serie di convinzioni che lo portano a comportarsi di conseguenza.

- SEGRETO n. 11: la PNL è una sorta di "libretto di istruzioni" del cervello, una tecnologia che si concentra soprattutto sulla pratica. Non una scienza ma, per definizione, ciò che funziona.

- SEGRETO n. 12: in PNL, la bontà o meno di una strategia si valuta in base al raggiungimento del risultato cui si tende. Se ti accorgi che è utile, non chiederti se sia vera o falsa, ma replicala, affinché funzioni anche per te.

- SEGRETO n. 13: assumerti la responsabilità delle tue comunicazioni equivale ad avere la possibilità di poterle cambiare se non raggiungono il risultato che ti eri prefisso.

- SEGRETO n. 14: ricorda che un "no" non va a tutti i costi vissuto come un fallimento. Infatti la stessa idea che scatena una reazione negativa, se posta in maniera diversa, può essere recepita dall'interlocutore in modo assolutamente positivo.

- SEGRETO n. 15: nel modellamento ci si ispira a persone che riescono bene in ciò che fanno, qualunque cosa sia, replicando le loro strategie e i loro comportamenti per ottenere gli stessi risultati.

- SEGRETO n. 16: la comunicazione si struttura su tre componenti fondamentali: verbale (V), paraverbale (PV) e non verbale (NV).

- SEGRETO n. 17: all'interno di una comunicazione, le percentuali di importanza attribuibili ai tre livelli sono le seguenti: 7 per cento per il verbale, 38 per cento per il paraverbale e 55 per cento per il non verbale.

- SEGRETO n. 18: la PNL, rispetto alle percentuali di importanza dei tre livelli all'interno di una comunicazione, ha stabilito che esse valgono soprattutto al primo impatto con una persona e per i primi minuti, poi i contenuti acquisiscono un peso maggiore.

- SEGRETO n. 19: si parla di "congruenza dei livelli" quando tutti e tre esprimono coerentemente la stessa cosa. Quindi la tua comunicazione sarà congruente se i tre livelli sono allineati.

- SEGRETO n. 20: ogni individuo non comunica solo parlando, ma anche tacendo. Quindi, se il tuo verbale è uguale a zero, non per questo sei inerte; stai semplicemente utilizzando il non verbale.

- SEGRETO n. 21: per fare un buon ricalco, è necessario non "parafrasare" ma "pappagallare". Parafrasando, infatti, si potrebbe portare l'interlocutore a non riconoscere più nella frase modificata il senso di ciò che ha inteso dire. Pappagallando, invece, questo non accade, perché si ripete fedelmente la frase dell'interlocutore.

- SEGRETO n. 22: la calibrazione ti permette di osservare minuziosamente la conversazione del tuo interlocutore in tutti e tre i suoi livelli, e anche nei più piccoli particolari che possono comunicarti spunti interessanti su di lui.

GIORNO 3:

Entrare in Sintonia con il Ricalco

Siamo partiti dal concetto secondo il quale ognuno ha una sua mappa; abbiamo detto che questa non coincide con il territorio, ossia con la realtà oggettiva. Quindi non abbiamo sempre ragione a pensarla come la pensiamo, non è sempre il nostro punto di vista quello giusto, ma dobbiamo imparare a considerare quello degli altri. La mappa si forma attraverso le informazioni che ci arrivano attraverso i sensi, che, come sai, in PNL vengono definiti come **sistemi rappresentazionali** visivo, auditivo e cinestesico. Ciò che più ci interessa è capire, parlando di comunicazione, come percepiamo le informazioni e come le elaboriamo.

Proprio pochi giorni fa ho letto su un giornale un articolo che riguardava un brevetto della Sony per i videogiochi. Pare abbiano creato una tecnologia in grado di far arrivare informazioni direttamente al cervello, senza passare attraverso i sensi. In pratica come funziona? Osservi un'immagine, questa si riflette all'interno dei tuoi occhi, poi viene trasmessa al cervello ed elaborata.

La cosa particolare è che tutto avviene tramite trasmissione di frequenze; non si tratta di un'immagine che si muove, ma di frequenze che fanno scattare determinati meccanismi. Un neurologo, certo, lo saprebbe spiegare meglio di me. Fatto sta che la Sony ha brevettato un dispositivo grazie al quale le informazioni arrivano direttamente al cervello utilizzando onde, senza passare per l'orecchio.

Ora, io vedo possibili applicazioni positive per questo dispositivo di grande importanza scientifica, non tanto nel campo dei videogiochi, quanto in quello dell'ausilio ai non vedenti. È straordinario pensare che potrebbero arrivare immagini direttamente al cervello di queste persone, che avrebbero la possibilità di vedere cose che altrimenti sarebbero condannate a non conoscere.

Ovviamente ora bisognerà chiarire se si tratta solo di un brevetto o se la tecnologia già esiste. Sicuramente l'idea che si possa andare oltre i sensi è assai affascinante, ma altrettanto pericolosa se finisse in mani sbagliate. Al tempo stesso, però, ci fa capire come i sensi, in realtà, altro non sono che un filtro attraverso il quale percepiamo la realtà e che questo filtro potrebbe essere soppiantato da tecnologie future.

Abbiamo constatato che il concetto di mappa è il primo pilastro della comunicazione efficace. Abbiamo fatto esercizi di calibrazione per imparare a guardare gli altri con occhi nuovi e carpire più informazioni possibili. Abbiamo visto che le persone possono essere diverse fra di loro, proprio perché ciascuno ha la propria mappa; quindi non troverai qualcuno che sia totalmente visivo, auditivo o cinestesico. In ognuno di noi c'è un mix dei tre sistemi in percentuali che cambiano a seconda del momento e del contesto. Infine abbiamo avuto modo di notare come si comporta a livello verbale, paraverbale e non verbale, chi si avvicina a un sistema piuttosto che a un altro. C'è però ancora una cosa da aggiungere a questa categorizzazione.

A questo proposito, ti riporto la trascrizione di una dimostrazione svolta in aula.

****

GIACOMO: Per questa dimostrazione avrei bisogno di un volontario, dovrebbe venire qui una persona che pensa di avere dei begli occhi. Bene, è molto semplice. Devi tenere gli occhi fissi in un punto, e tenendoli fissi devi provare a raccontare qualcosa. Vedrai che non riuscirai ad accedere alle informazioni. Parlaci di cosa è successo stamattina, di come hai fatto ad arrivare qui.

ANNA: Stamattina mi è venuta a prendere Arianna molto presto, siamo arrivate qui in un'oretta circa e…

GIACOMO: Riusciresti a parlare anche senza sbattere gli occhi?

ANNA: Non lo so.

GIACOMO: Bene, prova a non sbattere gli occhi.

ANNA: È molto difficile… Non mi viene in mente niente… il vuoto assoluto!

GIACOMO: Vero, è molto difficile!

****

È molto difficile riuscire a raccontare qualcosa di sé, quindi ad accedere a esperienze mentali, tenendo gli occhi fissi e fermi, praticamente bloccati, senza neanche poter muovere le palpebre. Perché è molto difficile? Perché il nostro cervello accede alle informazioni aiutandosi con il movimento degli occhi. Quando una persona muove gli occhi, accede a ricordi, pensieri, immagini, suoni e sensazioni; se è costretta a tenerli fissi, per un qualsiasi motivo, ha grande difficoltà a farlo. In particolare, in PNL, è stata fatta un'importantissima classificazione dei **movimenti oculari**.

Ti è mai capitato di vedere persone che, parlando, si mettono, mano sul mento, a guardare per aria oppure in basso cercando l'informazione? In pratica per recuperare l'informazione utile in quel momento, non fanno altro che seguire la direzione attraverso la quale è stata incamerata nel cervello.

Quindi, se tieni gli occhi fissi, non riesci a recuperare le informazioni che ti servono e a parlare con scioltezza. Se mai dovessi trovarti in questa situazione, sappi che una via d'uscita c'è. Prova ad aprire e chiudere gli occhi, a sbattere le palpebre, ciò ti assicurerà un attimo di pausa utile per accedere al dato o ai dati che ti servono.

Come ti accennavo poc'anzi, in PNL si è visto che il nostro cervello tende a cercare le informazioni che gli servono nella direzione in cui gli sono arrivate. Quando necessitiamo di dati raccolti tramite gli occhi, tendiamo a guardare in alto, a sinistra o a destra, perché gli occhi, nell'ambito del viso, sono posizionati in alto. Se vogliamo accedere a informazioni veicolate tramite il sistema auditivo, tendiamo a guardare di lato, essendo, appunto, le orecchie posizionate ai lati della testa. Rivolgere lo sguardo in basso a destra, in cerca di informazioni, è come mettersi di fronte a se stessi e cercare il proprio K. Quindi, guardando verso il basso, cercheremo di accedere a informazioni che ci sono arrivate tramite sensazioni. Ecco perché il tipo cinestesico, fra le sue caratteristiche, ha quella di rivolgere spesso gli occhi verso il basso; lo fa perché, in questo modo, riesce ad accedere alle proprie sensazioni interiori.

Al contrario, le informazioni acquisite come immagini ti provengono dagli occhi, quindi dall'alto, a sinistra o a destra; quelle acquisite come suoni, dalle orecchie, di lato, a destra o a sinistra. In basso a destra, invece, cerchi e trovi il tuo dialogo interno. Quindi, quando sei in modalità di dialogo interno e parli con te stesso, spesso guardi verso il basso.

SEGRETO n. 23: il cervello accede alle informazioni aiutandosi con il movimento degli occhi. In particolare, in base alla "classificazione dei movimenti oculari", si è visto che gli occhi si muovono, alla ricerca del dato o dei dati necessari, in direzione del canale sensoriale che li ha recepiti.

C'è poi un'ulteriore distinzione, nell'ambito delle informazioni acquisite tramite sistema visivo, tra accesso avvenuto a sinistra o a destra. A sinistra, infatti, abbiamo il **Vc**, ovvero **visivo costruito**, mentre a destra il **Vr**, ovvero il **visivo ricordato**. La differenza sta nel fatto che nel visivo costruito cerchi di ricostruire un'immagine creata grazie alla tua fantasia. Nel visivo ricordato, invece, cerchi di recuperare un'immagine che riguarda un'esperienza da te effettivamente vissuta, che va, quindi, solamente ricordata.

Se pensi alla tua macchina, ti verrà in mente un'immagine che già conosci. Se pensi, invece, a come sarà la macchina che avrai all'età di cinquant'anni, dovrai fare uno sforzo di fantasia per inventartela, magari sarà una navetta spaziale! È noto che in alcuni mancini, per via della diversa organizzazione delle aree del cervello, il Vc e il Vr sono invertiti.

Ciò che veramente ti interessa non è tanto ricordare che ci siano un visivo costruito e un visivo ricordato, quanto sapere che le persone accedono alle informazioni attraverso gli occhi. La ragazza che si è prestata per l'esperimento che richiedeva di pensare a una persona simpatica o antipatica, infatti, continuava a muovere gli occhi alla ricerca delle immagini riguardanti le situazioni in cui si stava immedesimando. In questo modo le riusciva di accedere a ricordi o informazioni.

SEGRETO n. 24: nell'ambito delle informazioni acquisite tramite accesso visivo, c'è poi un'ulteriore distinzione tra accesso avvenuto a destra o a sinistra: a sinistra abbiamo il visivo costruito (vc) a destra il visivo ricordato (vr).

Quindi, ricapitolando, in genere si guarda in alto per accedere a informazioni acquisite tramite la vista, di lato per accedere a informazioni acquisite tramite l'udito e in basso a destra per rievocare sensazioni interiori. Saperlo ci serve per cogliere il modo più giusto di approcciare una persona che, in un dato momento e in un dato contesto, si trova maggiormente vicina a uno dei tre sistemi e, quindi, di ricalcarla.

Il **ricalco** è un pilastro della comunicazione efficace, una delle tecniche più importanti e famose della PNL. Ricalcare significa osservare e calibrare la persona o il gruppo di persone con cui stiamo parlando; modellarli nei gesti e nelle parole, quasi rispecchiando il loro comportamento; dare di se stessi un'immagine simile alla loro; fornire un'idea di somiglianza, di sintonia. Se la persona con cui sto dialogando mi parla in termini visivi io, ovviamente, la ricalcherò parlando in termini visivi.

Bandler scoprì il ricalco osservando, nei primi anni '70, le sedute della bravissima Virgilia Satir, terapeuta della famiglia, che spesso si trovava a dover dirimere litigi tra coniugi. Un giorno arrivò una coppia che non riusciva assolutamente a riappacificarsi. La moglie si lamentava di essere trascurata, mentre il marito giurava di amarla e di dimostrarglielo in tutti i modi possibili. La moglie replicava che sì, forse questo era vero, ma purtroppo il fatto che il marito glielo dicesse non la convinceva, a livello emotivo, dei sentimenti di lui. Bandler, osservando questo dialogo a tre, si rese conto che il problema era puramente linguistico. Per il marito, infatti, amare significava "dirlo", quindi far sì che la moglie lo percepisse in termini auditivi. La moglie, al contrario, aveva bisogno che glielo si dimostrasse, che glielo si facesse sentire a livello di sensazioni. Estendendo la sua analisi ad altri casi, si rese conto che la stragrande maggioranza delle coppie aveva problemi di comunicazione.

Lo stesso tipo di problema si può creare non solo tra moglie e marito, ma anche tra terapeuta e paziente. Se il paziente parla del suo problema in termini visivi, il terapeuta non può rispondergli in termini auditivi. È necessario che si sintonizzi sul medesimo canale emotivo ricalcandolo.

Il ricalco avviene sui medesimi livelli di comunicazione di cui abbiamo parlato, ossia il verbale, il paraverbale e il non verbale. Se la persona si esprime usando predicati visivi, lo farai anche tu, se usa predicati auditivi, la imiterai e così via. Questo, ovviamente, implica ascoltarla, nel suo verbale come nel suo paraverbale, con grande attenzione, altra qualità che spesso manca. Non ti interessa, quindi, etichettare la persona e impostare un'equazione per cui se è una persona più visiva deve necessariamente parlare più velocemente, per poi adeguarti totalmente al modello estremo del visivo. Occorre comprendere come si atteggi la persona in quel dato momento e all'interno di quel dato contesto e ricalcarla.

SEGRETO n. 25: ricalcare significa osservare e calibrare la persona o il gruppo di persone con il quale ti trovi a parlare, modellandoli nei gesti e nei modi, quasi rispecchiandone il comportamento.

Il ricalco, quindi, come abbiamo detto, si svolge sui tre piani del verbale, paraverbale e non verbale. Ci sono trainer che impiegano anche 4-5 giorni per spiegare il ricalco e non dico che sia sbagliato, perché, in questo modo, si riesce ad arrivare sin nei dettagli. Tuttavia Bandler ci dice che, essendosi la PNL evoluta molto negli ultimi trent'anni, non ha più senso impiegare tutto questo tempo per spiegare il ricalco. Anche perché il ricalco non è nulla senza la **guida**.

Ricalcare una persona significa sintonizzarti su di lei per poi guidarla nella direzione da te prescelta. Ti fai guidare nel suo mondo per poi portarla nel tuo. Quindi il principio consiste nel non soffermarsi troppo sul ricalco, per quanto sia la tecnica di base, ma di proseguire con la guida. Va bene sintonizzarti, ma non basta, il tuo obiettivo è quello di portare l'altra persona nel tuo mondo, quindi devi guidarla verso di te, altrimenti rischi di spersonalizzarti.

In genere il ricalco si mette in atto sui comportamenti, ovvero sulla comunicazione. Ben diverso è, invece, il ricalco attuato a livello di valori. I valori fanno parte di ciascuno di noi, ognuno ha i propri e vanno rispettati. Quindi se una persona ti dice: «Io credo nella libertà», per ricalcarlo non dirai: «Sì, anch'io credo nella libertà», se non è vero, perché rischi di spersonalizzarti. Ricalcare il valore di una persona non significa darle ragione a tutti i costi, ma offrirle comprensione e, tornando all'esempio, dire: «Capisco che per te la libertà sia un valore importante ed è anche vero che per me i valori importanti sono altri.»

Ricorda che dietro la tecnica del ricalco deve esserci un atteggiamento mentale di sincero interesse, di comprensione e rispetto, perché questa è la PNL; purtroppo, per un uso distorto che se ne è fatto negli anni, è stata spesso travisata e vista come una sorta di manipolazione.

Perché si debba avere un sincero interesse è semplice, e ti fornisco un esempio concreto. Se sei un venditore e utilizzi questa tecnica per vendere un prodotto nel quale non credi, che non ti convince, il ricalco non funzionerà. Infatti è certo che qualcosa andrà storto, perché trasmetterai al cliente la tua mancanza di fiducia nel prodotto che proponi. Quindi il consiglio che ti do è di usare il ricalco con sincero interesse e rispetto dell'altra persona. Poniti in atteggiamento aperto in modo da comprendere la mappa dell'altro, sapendo che tutti siamo diversi e che ognuno ha una sua mappa.

SEGRETO n. 26: è importante ricalcare per entrare in sintonia con la persona che ti interessa, ma poi concentrati sulla guida, che è essenziale per condurla verso il tuo punto di vista, altrimenti rischi di spersonalizzarti.

Vedremo adesso come, in pratica, si attua il ricalco, attraverso la trascrizione di una dimostrazione effettuata in aula.

****

GIACOMO: Per fare questo esercizio sul ricalco ho bisogno di un volontario. Allora, Marianna, raccontami qualcosa, qualsiasi cosa tu voglia.

MARIANNA: Ho deciso, la prossima estate, di trascorrere una vacanza alle Canarie assieme ai miei bambini. Spero di trascorrere delle belle giornate, di stare tranquilla e di rilassarmi.

GIACOMO: Una vacanza alle Canarie per poterti rilassare e per i tuoi bambini.

MARIANNA: Sì, soprattutto per loro.

GIACOMO: Cosa c'è di importante per te in questo?

MARIANNA: Allontanarmi un po' dal solito ambiente, dal contesto in cui vivo.

GIACOMO: Una fuga, allontanarti un po' dall'ambiente in cui vivi.

MARIANNA: Sì, sì, completamente.

GIACOMO: Cosa avete notato? La mano, parole ripetute, la posizione. Ciò che ho fatto è stato ricalcarla su tutti e tre i canali, verbale, paraverbale e non verbale. Evidentissimo era il fatto che ho ripetuto la maggior parte delle sue parole, non tutte, solo quelle più importanti. Ho ribadito, ad esempio, l'idea che si voglia allontanare, e mentre lo dicevo ho anche fatto lo stesso suo gesto dell'allontanarsi per andare in vacanza. Però, Marianna, non ti è sembrato invasivo vero? Che ti stessi prendendo in giro?

MARIANNA: No, ho avuto l'impressione che mi stessi ascoltando.

GIACOMO: L'idea che si trasmette è che stiate ascoltando e deve essere così. Cioè, deve trattarsi di un ascolto vero, reale, attivo. Tuttavia, nel ricalcare, è sufficiente ripetere quelle due o tre parole che avvertite essere importanti per l'altra persona. Ripetetele con un punto interrogativo, così da invitare l'altra persona ad annuire.

Forse avrete notato che, nel frattempo, ne imitavo la postura e i gesti. A un certo punto è andata indietro chiudendo le braccia, per cui anch'io sono andato indietro, ma non ho chiuso le braccia, perché l'imitazione, a quel punto, sarebbe stata troppo evidente. L'importante è che diate segnali di somiglianza.

GIACOMO: Ti sei sentita bene?

MARIANNA: Sì.

GIACOMO: Vi rendete conto, quindi, di quanto sia elevato il potere di questa tecnica? Marianna si è sentita a suo agio e ascoltata pur trovandosi di fronte a un pubblico e a delle telecamere. Va bene, grazie Marianna.

****

La tecnica del ricalco è stata scoperta da Bandler osservando che le persone in sintonia tra loro finiscono per assomigliarsi, nella fisiologia come nella gestualità. Hai mai fatto caso, ad esempio, al fatto che coloro che si sentono emotivamente vicini, come due fidanzati in un bar, siedono nello stesso modo? Infatti la postura, ancor più che i gesti, è simile se due persone sono sulla stessa lunghezza d'onda. Se due persone sono in sintonia, si assomigliano e si rispecchiano.

Bandler, quindi, ha cercato di ricalcare le persone con cui si trovava a comunicare. Fallo anche tu, ma ricorda di agire con intelligenza, non replicare istantaneamente tutti i movimenti della persona che stai ricalcando, altrimenti rischi che se ne accorga e che pensi di essere presa in giro. Nell'esempio della dimostrazione eseguita durante un mio corso, Marianna è andata indietro, ma io, ovviamente, non l'ho replicata all'istante, l'ho fatto dopo qualche secondo. Poi ha chiuso le braccia, ma io non ho ritenuto opportuno chiuderle, perché è stato sufficiente aver assunto la sua postura e aver ripetuto le parole più importanti che pronunciava per farle capire di essere sulla sua stessa lunghezza d'onda. È poi importante studiare il tono di voce, adottare la stessa velocità, rispettare le stesse pause del tuo interlocutore. Certo, non è semplicissimo, però con l'abitudine diviene spontaneo.

SEGRETO n. 27: nel momento in cui decidi di ricalcare una persona, fallo con intelligenza, non replicare istantaneamente tutti i suoi movimenti, altrimenti rischi che se ne accorga e pensi di essere presa in giro; sintonizzati inoltre sul suo stesso tono e sulla sua stessa velocità perché si senta compresa.

Alcuni miei allievi mi chiedono cosa questo atteggiamento possa trasmettere all'altra persona. Da una parte dà l'idea di abbattere le barriere fra di voi, perché, soprattutto all'inizio, quando ci si conosce, il mostrarsi molto simili crea minor resistenza. Quando vedi che qualcuno ti ascolta, tanto più che è una dote rara in questo mondo, ti apri molto di più, ti è molto più semplice parlare. Questa è una delle abilità principali di un buon coach, che attraverso le sue domande deve insegnarti a parlare, ad aprirti, a trovare nuove soluzioni e indirizzarti verso nuove scelte. È molto importante ricalcare su tutti e tre i livelli. Potrà accaderti di essere più bravo a ricalcare uno dei tre, però vedrai che con il tempo sarai in grado di gestirli tutti.

Alcuni aspetti sono più facili da ricalcare rispetto ad altri. Ad esempio, ricalcare il non verbale è molto semplice, tanto più che lo puoi fare ancor prima di conoscere le persone. Nel mio libro *Seduzione* consiglio di interessare la persona che piace, prima ancora di cercare di conoscerla, replicando la postura con la quale è seduta. Vale la pena provare, per qualche minuto, a fare tutto ciò che fa e solo dopo andarsi a presentare. Può darsi che non abbia notato consciamente l'atteggiamento, ma certamente lo ha avvertito a livello inconscio.

La stessa strategia si può utilizzare nel proprio lavoro. Ad esempio un avvocato avrà più successo se riuscirà a sintonizzarsi prima sui suoi clienti e poi sul magistrato giudicante o la giuria. Ti assicuro che funziona.

Anthony Robbins, uno dei più grandi formatori del mondo, racconta di essersi trovato, un giorno, seduto su una panchina in un parco e di essersi messo a ricalcare, in maniera non verbale, la persona seduta sulla panchina accanto. La cosa è andata avanti per dieci minuti, dopo di che questa persona si è alzata, è andata da lui a conoscerlo, hanno parlato per un po' e alla fine gli ha offerto un lavoro. Se crei sintonia, tutto diventa più facile, le persone si aprono, si sentono ascoltate, ti danno fiducia. Ci deve però essere, alla base del ricalco, un tuo reale interesse nei confronti della persona che intendi ricalcare.

Quando Marianna ha parlato di figli, mi sono immediatamente reso conto che rappresentavano per lei un valore importante. Quando ha parlato dello staccare dalla vita quotidiana, io, nel risponderle, non ho usato il termine "routine", anche se l'ho pensato, perché non era quello che aveva adottato e avrei potuto entrare in conflitto con la sua esperienza. Questo è il motivo per il quale è controindicato parafrasare: si rischia di sbagliare. Marianna non ha parlato di fuga dalla routine, ma dalla vita quotidiana, si tratta di due parole del tutto diverse, come diverse sono per ciascuno le esperienze ad esse correlate. Così mi sono limitato a ripetere le parole più importanti, senza sostituirle con sinonimi. Nel ricalco è fondamentale usare una linguistica quanto più possibile precisa.

Il livello paraverbale può crearci qualche difficoltà in più, perché, ad esempio, non tutti siamo in grado, di primo acchito, di modulare la voce nell'esatto modo dell'altra persona. Tuttavia, con un po' di pratica, ci si arriva.

Il livello non verbale, infine, è facilissimo. Ad esempio, quando parli con un bambino, non so se ti è mai capitato, la prima cosa che fai non è per caso quella di abbassarti? Lo fai per metterti alla sua altezza. In questo modo lo ricalchi, gli vuoi far sentire che sei simile a lui; non gli parli con un lessico difficile, ma con le parole che userebbe un bambino. È molto semplice.

Avrai mille occasioni di metterlo in pratica tutti i giorni, perché c'è sempre una buona occasione per ricalcare una persona, che sia al supermercato, in fila in banca o altro. Ad esempio, se la persona che è davanti a te e che intendi ricalcare ha la mano in tasca, tu imitala e metti la mano in tasca come fa lei. Tuttavia ricorda che il ricalco deve avvenire a specchio, quindi se la persona mette in tasca la mano sinistra, tu devi mettere la destra. Stessa cosa con lo sguardo, se qualcuno ti guarda fisso puoi farlo anche tu, se guarda in alto saprai che in quel dato momento e contesto è maggiormente visivo.

Quindi hai mille informazioni da utilizzare e sfruttare per farti capire meglio e capire meglio gli altri. Poi è proprio facendo pratica che si impara quest'abilità, che ti diverrà automatica, come lo è per me oggi.

SEGRETO n. 28: per creare sintonia col tuo interlocutore, ci deve essere un reale interesse da parte tua nei suoi confronti ed è importante ricalcarlo su tutti e tre i livelli, anche se è più facile ricalcare il non verbale e il verbale, e meno il paraverbale.

Passiamo ora alla seconda abilità che ci interessa acquisire: la capacità di **guidare**. Nel momento in cui, comunicando con una persona, ti sintonizzi sul suo mondo interiore e sulla sua mappa, gli offri comprensione e lo fai sentire ascoltato. A quel punto puoi provare a chiedere di essere ascoltato e compreso a tua volta. È come dire: «Ho visto la tua mappa, ora vediamo la mia».

Quindi, come funziona la guida da un punto di vista **verbale**, paraverbale e non verbale? È molto semplice. Per il verbale ti proporrò tra poco un esercizio molto interessante, che serve a gestire le obiezioni. Imparerai che quando una persona ha da ridire su qualcosa che hai fatto o ti fa una critica, invece di dire:

«No, stai dicendo una stupidaggine», cosa che non crea molta sintonia, puoi adottare una tecnica, propria del ricalco verbale, per restare in sintonia nonostante ci sia un dissenso. La messa in pratica, poi, sarà ancora più divertente.

Un buon esempio di circostanza in cui puoi attuare un **ricalco non verbale** è un colloquio di lavoro. Sai che si tratta di una situazione che, come anche un esame universitario, mette un po' di ansia, crea un po' di difficoltà. Infatti si sente il peso dell'autorità della persona che deve decidere se darti o meno il lavoro che tanto desideri. In un contesto del genere, senti di dover fare a tutti i costi una buona impressione, quindi è un momento un po' particolare.

Probabilmente chi ti esamina siederà di fronte a te in modo piuttosto comodo e rilassato, tutto all'indietro, a braccia conserte, quindi in posizione di chiusura, se vogliamo. Al contrario, tu sarai tutto proteso in avanti. In questo modo cosa gli trasmetterai? Che lo stai pregando di assumerti, ed è proprio ciò che devi evitare. Piuttosto passa al contrattacco e ricalcalo assumendo il suo stesso atteggiamento. Anche tu mettiti seduto comodo all'indietro, schiena a contatto con lo schienale e braccia conserte. Stai tranquillo e aspetta che sia lui a fare la prima mossa.

Ovviamente, dopo un po', quando sarete entrati in sintonia, guidalo verso il tuo atteggiamento, rilassati per primo, apri le braccia e protenditi verso di lui. Sono piccoli gesti di apertura, ma vedrai che probabilmente ti seguirà e si farà guidare da te verso un atteggiamento di maggiore propensione all'altro. Quindi tu ricalchi per creare sintonia tra te e la persona con cui stai comunicando, poi passi alla guida e la porti verso il tuo mondo, verso la tua mappa. Se ci si sofferma troppo sul ricalco, invece, si passa tutta la vita a ricalcare e non si ottengono risultati.

Un mio allievo, tempo fa, mi ha chiesto perché si debba entrare a tutti i costi in sintonia con gli altri e non aspettare che siano loro a farlo con noi. È semplice: non è detto che tu debba ricalcare tutti! Fallo solo con le persone con cui desideri entrare in sintonia. Se lo fai, il responsabile della comunicazione sei tu, quindi occorre che ti prenda la responsabilità anche di eventuali errori. Se accade, ricorda, non considerarli fallimenti, ma insegnamenti per migliorare, e intraprendi un'altra strada per entrare in contatto con la persona che stai ricalcando.

Spesso capita di incontrare persone che hai più interesse ad allontanare che non a ricalcare. Lo puoi fare, comportati esattamente al contrario di come faresti per il ricalco: crea distonia. Se la persona che non ti va a genio parla lentamente, tu vai velocissimo; se adotta una certa postura, tu mettiti in modo completamente inverso al suo. Ti accorgerai che si stancherà per prima.

Quando qualcuno mi chiede consigli per una migliore gestione del proprio tempo, uno dei primi che mi sento di dare, e che giro anche a te, è di liberarti da tutto ciò che ti fa perdere tempo, come le persone che ti pressano, che ti danno fastidio, telefonano mille volte e così via.

Da un punto di vista **paraverbale**, se parlano lentamente tu vai velocissimo, o viceversa. Falli annoiare o fai venir loro mal di testa, vedrai che non ti daranno più noia. Il ricalco funziona, così come funziona il suo contrario, l'importante è che tu abbia chiari i tuoi obiettivi.

Ti riporto ora la trascrizione di alcuni esercizi pratici svolti in aula. Questa, infatti, è un'abilità che si impara bene solo mettendola in atto.

****

GIACOMO: Ho bisogno di tre volontari. Ecco, questi tre ragazzi. Venite pure. Due di loro interagiranno assumendo il ruolo di coach e di cliente, mentre un terzo assumerà le vesti di osservatore della comunicazione che avviene tra i due, per verificare che il ricalco e la guida siano avvenuti correttamente. Il ragazzo di centro è il coach, il ragazzo di sinistra è il cliente. Il buon coach dovrà sapersi sintonizzare con il cliente. Il cliente viene con un problema o con una storia da raccontare e il coach dovrà ricalcarlo. La persona di destra, come vi dicevo, farà l'osservatore. I tre dovrebbero scambiarsi i ruoli sino a che ognuno li abbia ricoperti tutti e tre. Ora, per motivi di tempo, osserveremo un solo turno. Ora, tu che sei il cliente, raccontagli una storia o qualcosa.

CLIENTE: Stavo pensando di fare una vacanza per staccare dopo un anno di lavoro.

COACH: Quindi una vacanza?

CLIENTE: Sì, in Egitto.

COACH: In Egitto, perché?

CLIENTE: Mi sa consigliare qualche posto?

COACH: Sì, ma… se conoscessi già l'Egitto potresti andare alla famosissima Cattedrale di Napoli.

GIACOMO: È un terapeuta che ti consiglia sulle vacanze, giustamente!

CLIENTE: Sì, in realtà avevo intenzione di andarci prossimamente. Piuttosto, puoi fornirmi qualche notizia per quanto riguarda il cibo e l'igiene? Ne sai qualcosa?

COACH: Sì, mi hanno sempre parlato bene dell'Egitto e ho notato che è una nazione molto vicina alla nostra sia come abitudini, sia come religione… è stata una bella esperienza.

CLIENTE: Non vedo l'ora di partire allora.

COACH: Sì, certo, parti sicuramente, perché sarà una bella vacanza.

GIACOMO: Va bene, bravi. Bene, osservatore, cosa hai osservato?

OSSERVATORE: Che ha ricalcato in maniera perfetta. Non verbalmente era del tutto identico.

GIACOMO: Quindi, non verbale identico.

OSSERVATORE: Sì.

GIACOMO: Cosa ne dite voi del pubblico? Non era speculare? Forse era anche una questione di sedia che lo limitava in alcuni movimenti. Tu, cliente, ti sei sentito ascoltato?

CLIENTE: Sì.

GIACOMO: Ecco, a parte lo speculare o meno, quello che conta è il risultato, l'importante è che si sia sentito ascoltato. Quindi questo è un buon segno. Quindi, osservatore, cos'altro hai notato?

OSSERVATORE: Anche verbalmente c'eravamo, non è andato tanto lontano.

GIACOMO: Quindi, anche verbalmente c'eravamo. Ha semplicemente ripetuto le ultime parole che diceva l'altro. Poi, tra l'altro, il cliente ci ha fatto un esempio di guida, perché nell'ultima fase era lui a fare le domande e a rispecchiare. Ha fatto il furbo e ha fatto bene, perché il coach non se ne è reso conto. Pensate, questo è un esercizio su questa tecnica che il coach sapeva di mettere in atto e, nonostante ciò, non si è reso conto che il cliente gliela stava facendo sotto il naso. Pensate allora, nella vita quotidiana, quanto sia difficile venire scoperti. Pensate solo al fatto che lui, pur protagonista di un esercizio su questo, non si è accorto di essere stato guidato dal cliente. In realtà il coach era talmente concentrato sul ricalco e sui suoi contenuti, da non accorgersi che la comunicazione gli stava sfuggendo di mano.

****

Bene, come hai visto è talmente semplice da potersi fare tutto di seguito senza problemi. Come ti dicevo, nei corsi sul ricalco, che durano sino a quattro giorni, si procede ad approfondire ogni particolare separatamente.

Tuttavia, in questo modo, si rischia di rendere ogni cosa molto più complicata. Bandler dice che se ci si concentra troppo su ogni particolare, alla fine non permettiamo all'inconscio di funzionare bene. Al contrario, l'inconscio sa lavorare molto bene, molto efficacemente e, soprattutto, molto velocemente.

SEGRETO n. 29: secondo il parere di Bandler, è preferibile non indugiare troppo a lungo nel ricalcare, poiché, così

facendo, non permetti all'inconscio del tuo interlocutore di funzionare nel senso da te sperato.

A volte capita, nel fare questo esercizio, che ci si apra talmente tanto da confidarsi i maggiori segreti. Questo succede quando ti accorgi che la persona che hai di fronte è interessata, che ti ispira e le ispiri fiducia, ti senti simile a lei e, quindi, ti apri di più. È proprio vero che i simili stanno bene insieme, è meno vero che gli opposti si attraggono, o almeno lo è solo in certi casi, da alcuni punti di vista. In generale, il simile attrae il simile.

Questo è un po' il senso del ricalco, che abbiamo approfondito solo da un punto di vista di comunicazione e che, sicuramente, potrai attuare senza grandi problemi. Infatti, qualsiasi persona ti troverai di fronte, potrai ricalcarla, nelle parole come nella postura e in qualsiasi situazione. Potrai farlo in famiglia, con tua moglie o tuo marito e i tuoi bambini, che poi è la cosa migliore che c'è, come sul lavoro. Più tardi parleremo del ricalco verbale attuato attraverso la gestione delle obiezioni. Sarà divertente e avrai modo di vedere l'attuazione pratica del ricalco.

Se vuoi visualizzare un'immagine del ricalco, puoi pensare a due sponde in mezzo alle quali scorre un **fiume**. Da una parte ci sei tu e dall'altra c'è la tua ragazza. Discutete perché nessuno dei due si decide a lasciare il suo lato del fiume per andare a vedere quello dell'altro. Lei ti dice: «Vieni a vedere la mia sponda, è bellissima.» E tu replichi: «No, la mia è più bella, vieni tu a vederla.» Lei insiste: «No, qui è tutto fiorito, è bellissimo.» Ti sta esprimendo il suo punto di vista e si comporta come in una comunicazione classica, in assenza di PNL. Ti dice: «Bene, io ho ragione e tu no», fine del dialogo, totale chiusura e distonia.

Invece, da buon comunicatore efficace, vai tu per primo dalla sua parte del fiume e comincia a costruire un ponte. Entra nel suo giardino e dille: «È vero, il tuo giardino è bello, capisco ciò che mi volevi dire.» Poi prendila per mano e, guidandola, accompagnala dal tuo lato del fiume: «Ho visto il tuo giardino, è bellissimo; adesso guarda anche il mio, che è altrettanto bello.» Lei ti risponderà: «Sì, hai ragione, anche il tuo giardino è molto bello», e avrai costruito un vero e proprio ponte. Però sei stato tu ad andare per primo e per primo hai ricalcato, poi l'hai presa per mano e l'hai guidata verso il tuo lato dandole comprensione.

Ora vorrei parlarti di altri due tipi di ricalco, che vanno un po' al di là della comunicazione, anzi, per meglio dire, le sono paralleli, ovvero il **ricalco culturale** e il ricalco emotivo. Stai attuando un ricalco culturale, quando cerchi di adeguarti al livello culturale della persona con cui stai comunicando o a quello del gruppo che frequenti.

Se, ad esempio, vado a fare formazione nelle scuole, certo non mi vestirò in giacca e cravatta, non lo farò perché mi voglio adeguare a dei ragazzi che sono vestiti in jeans. Al contrario, se vado a fare formazione aziendale, mi vestirò in giacca e cravatta. Ancora, se faccio corsi in aula, dove troverò un pubblico misto, metterò la giacca, ma magari eviterò la cravatta.

Per ricalcare culturalmente è necessario fare attenzione anche ai dettagli del proprio abbigliamento, infatti il livello cultuale riguarda anche i vestiti. Parlando di linguaggio, è ovvio che facendo formazione ai medici utilizzerò un certo lessico, che sarà diverso da quello che utilizzo per parlare di PNL ai bambini o ai ragazzi. È un adeguamento culturale che ci viene comunque spontaneo.

SEGRETO n. 30: stai attuando un ricalco culturale quando cerchi di adeguarti al livello culturale del tuo interlocutore o del gruppo che frequenti.

Anche il **ricalco emotivo** è molto importante per una buona comunicazione, perché significa dare comprensione alle persone dal punto di vista delle emozioni e dei sentimenti. Mi è capitato, una volta, di avere un amico che era stato lasciato dalla sua ragazza e, ovviamente, era molto triste, la sua intensità emotiva era molto bassa. Se mi fossi avvicinato a lui partendo da un'intensità emotiva molto alta, perché magari avevo appena letto il libro di Anthony Robbins, e avessi detto, tutto carico: «La vita è bellissima, non pensare più alla ragazza che ti ha fatto soffrire!», pur avendo ottime intenzioni, non avrei ricalcato e, anzi, avrei creato distacco e la persona non si sarebbe sentita compresa. Al contrario, sono andato dal mio amico ponendomi su un livello simile al suo, ma leggermente più alto. Quindi, con voce bassa, quasi sussurrata, gli ho chiesto: «Come stai? So che la tua ragazza ti ha lasciato…» Solo una volta conquistata la sua fiducia, l'ho preso per mano e l'ho guidato a tirarsi su.

Pian piano ho leggermente alzato il tono della voce e ho detto: «Sì, capita, anche a me è successo, poi, improvvisamente, ho conosciuto un'altra ragazza e la mia vita è cambiata.» Quindi, inizialmente ti poni al suo stesso livello, dopo di che gli racconti di un episodio simile che ti è capitato e gli indichi la direzione da seguire, offrendogli una soluzione. Così facendo, sposti l'attenzione dalle sue sensazioni, sulle quali in quel momento era molto concentrato, alle immagini, quindi al canale visivo.

Ricalcare significa sintonizzarsi sul canale emotivo dell'altra persona e poi guidarla verso il nostro. Pian piano ti alzi tu che guidi, altrettanto farà lui e, alla fine, vi troverete entrambi più in alto. La cosa da evitare a tutti i costi è di mettersi a un livello pari o addirittura inferiore rispetto a chi vogliamo ricalcare, perché rischieremmo di affossarci a vicenda. Ci metteremmo tutti e due a piangere, c'è anche questo rischio, è già successo: «No, mi dispiace, sì, è terribile», alla fine… boom… doppio suicidio!

Quindi attenzione a non partire molto motivato, essere certo di poter dare allegria e poi tornare più triste. Un allievo, a questo proposito, mi chiedeva cosa fare se si vuole aiutare qualcuno pur non sentendosi particolarmente motivati. Io dico che dipende, non è necessario proporre immediatamente allegria. Intanto inizi a ricalcare la persona, la prendi dal suo livello e cerchi di innalzarla poco a poco. Poi, ovviamente, è necessario proseguire con la guida, perché, come sai, è la parte fondamentale dell'esecuzione di questa tecnica.

SEGRETO n. 31: metti in atto un ricalco emotivo nel momento in cui offri comprensione al tuo interlocutore a livello di emozioni e sentimenti; ma resta sempre su un gradino emotivo più alto, attento a non farti affossare!

In ogni caso, ricorda che non devi ricalcare se non ne hai voglia, se non hai un obiettivo da raggiungere, perché non entreresti in sintonia con l'altra persona. Il presupposto dal quale devi partire è che esistono tante mappe per quante persone puoi incontrare, in assoluto nessuna è giusta e lo sono tutte, e tutte hanno lo stesso valore.

È importante ricordare che non esiste un giudizio di valore sulla diversità tra mappe, come non c'è tra gli appartenenti ai tre sistemi visti poco fa. Il visivo non è migliore del cinestesico perché parla più velocemente! Si tratta di diverse caratteristiche che appartengono a diversi tipi umani, caratteristiche che abbiamo acquisito o che ci accompagnano dalla nascita. Queste vanno accettate e, partendo dal presupposto che gli altri sono diversi da noi, dobbiamo ricalcarli se vogliamo entrare in comunicazione efficace con loro.

RIEPILOGO DEL GIORNO 3:

- SEGRETO n. 23: il cervello accede alle informazioni aiutandosi con il movimento degli occhi. In particolare, in base alla "classificazione dei movimenti oculari", si è visto che gli occhi si muovono, alla ricerca del dato o dei dati necessari, in direzione del canale sensoriale che li ha recepiti.

- SEGRETO n. 24: nell'ambito delle informazioni acquisite tramite accesso visivo, c'è poi un'ulteriore distinzione tra accesso avvenuto a destra o a sinistra: a sinistra abbiamo il visivo costruito (vc) a destra il visivo ricordato (vr).

- SEGRETO n. 25: ricalcare significa osservare e calibrare la persona o il gruppo di persone con il quale ti trovi a parlare, modellandoli nei gesti e nei modi, quasi rispecchiandone il comportamento.

- SEGRETO n. 26: è importante ricalcare per entrare in sintonia con la persona che ti interessa, ma poi concentrati sulla guida, che è essenziale per condurla verso il tuo punto di vista, altrimenti rischi di spersonalizzarti.

- SEGRETO n. 27: nel momento in cui decidi di ricalcare una persona, fallo con intelligenza, non replicare istantaneamente tutti i suoi movimenti, altrimenti rischi che se ne accorga e pensi di essere presa in giro; sintonizzati inoltre sul suo stesso tono e sulla sua stessa velocità perché si senta compresa.

- SEGRETO n. 28: per creare sintonia col tuo interlocutore, ci deve essere un reale interesse da parte tua nei suoi confronti ed è importante ricalcarlo su tutti e tre i livelli, anche se è più facile ricalcare il non verbale e il verbale, e meno il paraverbale.

- SEGRETO n. 29: secondo il parere di Bandler, è preferibile non indugiare troppo a lungo nel ricalcare, poiché, così facendo, non permetti all'inconscio del tuo interlocutore di funzionare nel senso da te sperato.

- SEGRETO n. 30: stai attuando un ricalco culturale quando cerchi di adeguarti al livello culturale del tuo interlocutore o del gruppo che frequenti.

- SEGRETO n. 31: metti in atto un ricalco emotivo nel momento in cui offri comprensione al tuo interlocutore a livello di emozioni e sentimenti; ma resta sempre su un gradino emotivo più alto, attento a non farti affossare!

GIORNO 4:

Gestire e Anticipare le Obiezioni

Ora che abbiamo visto alcune delle più famose forme di ricalco, sappi che possiamo ricalcare qualsiasi cosa, anche le strategie mentali delle persone.

Le strategie consistono in una serie di processi mentali che avvengono nella mente di ciascuno e si esternano attraverso l'uso del linguaggio. Esse vengono studiate a livelli molto avanzati della formazione. Le strategie possono essere ricalcate ed è molto importante possedere quest'abilità, soprattutto nel campo della vendita.

Tra poco vedremo come applicare il ricalco verbale alla gestione delle obiezioni, dell'altrui dissenso. Quando qualcuno ti muove un'obiezione, infatti, c'è una maniera molto elegante di rispondere e respingerla, utilizzando la tecnica del ricalco verbale.

Questa tecnica si compone di quattro fasi distinte:

1) Ascolto Attivo.

2) Domanda di Specifica.

3) Ricalco.

4) Guida.

SEGRETO n. 32: per gestire le obiezioni sono necessarie quattro fasi: ascolto attivo, domanda di specifica, ricalco e guida.

La prima, come dicevo, è quella dell'**ascolto**. Probabilmente non sei abituato a farlo, ma ascoltare è un'abilità fondamentale in qualunque tipo di comunicazione. Infatti, nel momento in cui ricalco una persona dimostrandole attenzione, questa si sente ascoltata e compresa e si apre con maggiore facilità.

Quindi, ragionando in questo senso, se di fronte a qualcuno che ti muove un'obiezione adotti un atteggiamento di chiusura e non finisci neanche di ascoltarlo ma, piuttosto, lo interrompi e dici: «Non hai capito nulla!», certo non stai creando un buon rapporto con quella persona, che si sentirà coinvolta e trattata male, né con il gruppo di persone a lei pari. Se lo fai con uno degli alunni di una classe, ad esempio, avrai l'intera classe contro.

Quindi, la prima cosa da fare è ascoltare in maniera sincera e interessata. Come ho detto prima, infatti, l'interesse nei confronti dell'altro deve essere reale, altrimenti chi parla con te lo percepirà. Quando ci si sente ascoltati? Prova a pensare a delle situazioni in cui ti sei sentito ascoltato o meno. Quando una persona annuisce, in genere, significa che ti sta ascoltando. Anche in questo caso non lo puoi dare per certo, ma perlomeno hai un buon indizio che lo stia facendo. Un altro indizio importante è che una persona ti guardi negli occhi.

Tra le coppie che andavano in terapia da Virginia Satir, spesso c'era un difetto di comunicazione. Per esempio, una moglie pensava che il marito non l'ascoltasse per il solo fatto che non la guardava in viso mentre parlava. Devi sapere che, nonostante non ci sia un rapporto di necessarietà tra il vedere e l'ascoltare, è oggettivamente importante guardare una persona mentre parla. Quasi tutti necessitano di questa componente per convincersi di essere ascoltati.

Non solo guardare è importante, ma, come dicevo prima, anche annuire mentre si ascolta parlare ha il suo peso. Lo si può fare verbalmente dicendo: «Sì, ah, ah», oppure annuire con la gestualità. Certo, diverso è chi lo fa ascoltando attentamente, da chi, come i cosiddetti *simulatori*, annuisce mentre magari sta facendo qualcos'altro. Non dico che non sia un atteggiamento comune, spesso capita anche a me mentre sono al telefono con persone prolisse o lente. Dico: «Sì, sì», mentre magari non sto effettivamente ascoltando ciò che dicono.

Un indizio in più di effettivo ascolto si ha quando la persona a cui stiamo parlando muove un passo verso di noi. Io lo faccio anche nei confronti di chi mi muove un'obiezione, è un modo di dimostrare comprensione, interesse. Qualsiasi passo fatto verso una persona, anche il più piccolo, è comunque un modo di dimostrare interesse. Addirittura, se stai parlando con un singolo interlocutore, puoi provare a chinarti leggermente verso di lui, cambiare un po' la postura e dire: «Mi stavi dicendo?»; per ottenere l'effetto è sufficiente un leggero avvicinamento.

Si tratta di qualità standard di ascolto che hanno effetto oggettivamente e ognuna, in particolare, può avere un maggiore effetto a livello soggettivo. Ciò che in PNL viene definito come **ascolto attivo** è l'insieme di tutti gli indizi, non solo verbali, ma anche comportamentali, che ti dicono che una data persona ti sta ascoltando.

Quindi la prima fase consiste nell'ascoltare. Occorre sforzarsi di non interrompere, pur pensando di aver già indovinato perfettamente dove vuole andare a parare la persona con il discorso che sta facendo. È anche importante non iniziare a dare la propria risposta prima ancora che l'interlocutore abbia avuto modo di terminare la propria domanda. Ancora, non va bene rispondere a un'obiezione eccessivamente generica, occorre pretendere che la domanda sia ben circostanziata prima di fornire una risposta.

SEGRETO n. 33: la prima abilità che devi acquisire per attuare un buon ricalco verbale e respingere in modo elegante un'obiezione, è quella dell'ascolto.

Nello stesso modo, se una persona, a metà spiegazione, mi dicesse di non aver capito, io sbaglierei se iniziassi a rispiegare tutto dall'inizio, senza aver chiesto precisamente cosa non abbia capito. Così, se qualcuno mi chiama chiedendomi, genericamente: «Mi occorrono informazioni sul corso di comunicazione», io devo chiedere cosa specificamente vuol sapere. Anche perché, se iniziassi a parlare a braccio, rischierei di fornirgli doppioni di informazioni che già conosceva, delle quali, quindi, non aveva bisogno. Per cui gli faccio una **domanda di specifica**, e chiedo: «Cosa vuoi sapere esattamente? Di quali informazioni hai bisogno?», replicando la sua stessa linguistica.

Attenzione a questo particolare, perché è raro che qualcuno lo sottolinei. Ciò che è importantissimo, e che spesso non si dice, è che occorre adottare la stessa linguistica adottata nella domanda. Se qualcuno mi chiede: «Ho bisogno di maggiori informazioni sul corso di comunicazione», la mia risposta sarà: «Di quali informazioni in particolare hai bisogno sul corso di comunicazione?» Utilizzerò, quindi, lo stesso verbo, "ho bisogno", le stesse parole fondamentali e la medesima costruzione della frase, solo rimescolata in forma di domanda.

Se conosci il MetaModello, sai che in PNL esiste un set di domande apposite per ciascun tipo di affermazione e obiezione; queste permettono di comprendere meglio la singola affermazione, specificandola. La domanda di specifica va fatta da colui che sta gestendo l'obiezione. Quindi, se, ad esempio, una persona ti fa un'obiezione, la ascolti e le chiedi, attraverso una domanda di specifica, cosa intenda esattamente; poi vai oltre.

La domanda di specifica, ovviamente, non è obbligatoria. È chiaro che se la persona mi fa già da subito la giusta domanda e mi chiede, ad esempio: «Vorrei sapere il prezzo del corso di comunicazione», risponderò a tono, senza fornire ulteriori e inutili particolari. Farò la domanda di specifica solo se la domanda iniziale non è ben particolareggiata. Al limite puoi usare la domanda di specifica anche in presenza di una domanda iniziale chiara, parlando a un gruppo di persone, per far capire a tutti che hai effettivamente compreso ciò che uno di loro ti ha chiesto: «Quindi mi stai dicendo questo, questo e quest'altro?»

SEGRETO n. 34: ponendo una domanda di specifica, che ti permette di dire al tuo interlocutore solo ciò che vuole

realmente sapere, devi aver cura di replicare la sua stessa linguistica.

Parliamo ora del ricalco e della guida, ossia le tecniche che abbiamo appena visto, con le premesse dell'ascolto e della specifica. Parliamo soprattutto, ovviamente, di ricalco verbale, perché ci stiamo concentrando sul modo prettamente linguistico di gestire un'obiezione. Perciò va bene l'ascolto fatto adottando una data postura, utilizzando un non verbale di un certo tipo, il segno di annuire e così via; ma poi il modo di gestire l'obiezione è prettamente e puramente linguistico.

Con il ricalco intendi trasmettere comprensione, quindi utilizzerai parole come *«capisco»*, *«comprendo»*, *«mi rendo conto che»*. Non ti lancerai, invece, in affermazioni come: «Hai ragione», a meno che tu non sia effettivamente d'accordo con chi ti parla a livello di idee e contenuti. Poniamo che una persona ti dica: «Secondo me la Roma è la più grande squadra d'Italia», se tu non parteggi per la Roma ma, magari, per la Juve e nonostante ciò dici: «Sì, hai ragione, la Roma è la più grande squadra d'Italia», sbagli, perché non la stai ricalcando, ma solo prendendo in giro.

Le stai dando ragione anche se non pensi che abbia ragione, quindi non stai facendo PNL.

Se invece dici: «Capisco che per te la Roma sia una grande squadra, ed è anche vero che per me la Juve è una squadra altrettanto forte», gli dai comprensione senza negare i tuoi contenuti, metti i due concetti in parallelo, in una condizione di pari dignità. È invece sbagliato dire: «Sì, hai ragione, la Roma è la più grande squadra del mondo, ma per me non lo è», perché, in questo modo, dai comprensione per poi toglierla. Nella guida esprimerai il tuo punto di vista, ossia, in questo caso, che anche la Juve è una grande squadra.

SEGRETO n. 35: nell'attuare un ricalco verbale, utilizza espressioni che trasmettano un'idea di sintonia come «comprendo», «capisco», «mi rendo conto che». Non dare ragione a tutti i costi, fallo solo se realmente convinto.

Nell'introdurre la guida è molto importante ricordare che vanno evitate tutte le congiunzioni avversative come "ma" o "però". Quindi sbagli doppiamente se dici: «Sì, **hai ragione**, la Roma è una grande squadra, **però** la Juve è molto più forte», oppure: «Sì, sì, **capisco** perfettamente il tuo punto di vista, **però** lo devi fare lo stesso e non domani.» Sappi che i ma, i però e tutte le congiunzioni avversative, *cancellano* tutto ciò che è stato detto prima, sia da un punto di vista linguistico che da un punto di vista di rappresentazioni interne. Questo non viene mai specificato in nessun corso e in nessun libro.

Quindi se a te, che magari sei tifoso della Roma, qualcuno dice: «Sì, la Roma è una grande squadra», ti senti confortato nella tua opinione e compreso. Ma se poi aggiunge: «Però la Juve è più forte», ti rendi conto che questa seconda immagine cancella la precedente e si sovrappone immediatamente ad essa, con la conseguenza che senti negata la comprensione che ti era stata data un istante prima.

Al posto di "ma" e "però" è preferibile inserire una "e", che, al contrario, ha il potere di mettere due immagini in parallelo. Quindi dirai: «È vero, la Roma è una grande squadra **e** la Juve è una grande squadra.» Le due immagini sono in parallelo, sia da un punto di vista mentale che da un punto di vista linguistico. Ai nostri fini è ugualmente perfetta l'espressione "anche". Ne vedremo altre in seguito.

Ora faremo degli esercizi. So che inizialmente ti sembrerà molto difficile non utilizzare congiunzioni avversative, tuttavia, cosa importante, diverrai consapevole di utilizzarle e saprai dosarle con intelligenza. La consapevolezza, tuttavia, ha la controindicazione di farci avvertire un senso di fastidio nel momento in cui qualcuno usa con noi un "ma" o un "però"; perché ci rendiamo conto che il nostro interlocutore sta sbagliando il modo di comunicare, ci ha dato comprensione per poi togliercela.

Questa è la cosa peggiore, è come fare un regalo a un bambino per poi strapparglielo dalle mani. Se dai ragione o comprensione per poi reclamarla, per te è molto meglio che tu non dia né ragione né comprensione. Se una persona mi dice: «Non credo che la formazione sia utile», la rispetto davvero, perché anch'io anni fa lo pensavo e quindi dico: «Capisco ciò che dici, perché anch'io all'inizio la pensavo nello stesso modo e poi mi sono reso conto, facendola, che funziona e che mi ha cambiato la vita.»

Lo capisco, perché anch'io ero nella stessa situazione e, a partire dalla mia posizione di apertura, la persona sarà disposta a credere che la formazione può effettivamente funzionare. Così rimane la sintonia, anzi, se spesso siamo abituati a gestire con aggressività la comunicazione con qualcuno che ci muove un'obiezione, in questo modo saremo in grado di prendere in mano la situazione e gestirla con tutta calma.

Vediamo altri esempi di espressioni che mettono in parallelo le proprie immagini interiori invece che sovrapporle. È utile usare, oltre alla congiunzione "e", anche l'espressione "ed è anche vero che". Puoi dire: «È vero che la Roma è una grande squadra **ed è anche vero che** la Juve è una grande squadra», oppure: «È vero che inizialmente si possa pensarla così **ed è anche vero che** facendo formazione ci si rende conto di quanto i corsi siano utili.»

Un'altra espressione utilizzabile è "**ed è proprio per questo che**". È molto efficace, perché ha il vantaggio di catturare l'obiezione trasformandola in una motivazione della nostra guida. Ti faccio un esempio, una persona mi dice: «Non credo nella formazione, sono scettico», e io rispondo: «Capisco che tu sia scettico ed è proprio per questo che ti dico di venire a seguire un corso, così potrai provare a te stesso se funziona o meno.» Quindi il fatto di essere scettico, che doveva essere un'obiezione, è stato trasformato in una motivazione: «È proprio per questo che devi venire!» Quindi è molto potente.

SEGRETO n. 36: nell'introdurre la guida, ricorda di evitare le congiunzioni avversative come ma o però, poiché tendono a cancellare tutto ciò che è stato detto in precedenza.

Veniamo ora alle obiezioni più classiche, quelle che ci troviamo di fronte nella vita di tutti i giorni. Una delle più note è: «L'albergo è troppo caro.» A un'obiezione del genere si potrebbe rispondere con una domanda di specifica, come ad esempio: «In confronto a cosa? Rispetto a che cosa è troppo caro? Posso chiederle rispetto a che cosa?» Tuttavia questa domanda, espressa così come te l'ho proposta, spesso rischia di risultare eccessivamente rude. Infatti se una persona ti obietta: «Questa cosa è troppo cara» e tu rispondi: «Rispetto a che cosa?», rischi di farla irrigidire ancora di più.

Purtroppo questo tipo di domande, che fanno parte del MetaModello, vengono insegnate così, in maniera eccessivamente meccanica, senza possibilità di prevedere sfumature di sorta. Ovviamente la domanda non va proposta in questo modo, deve essere preceduta da un buon ricalco che abbia creato sintonia tra te e l'interlocutore, ciò che in PNL definiamo **rapport**. Una volta raggiunto, attraverso il ricalco, un buon livello di sintonia, potrai permetterti di utilizzare il MetaModello.

Il MetaModello è un grandioso strumento che va usato con cura, utilizzando frasi come «posso chiederle» o «non so se posso chiederle», che smorzino la rudezza della domanda di specifica. Ti faccio un esempio, è ben diverso dire: «Posso chiederle rispetto a che cosa è troppo caro?», piuttosto che: «Rispetto a cosa è troppo caro?» Quindi va bene porre la domanda di specifica, ma occorre avere l'accortezza di farla precedere da un cuscinetto che ne ammorbidisca la rudezza.

È sempre meglio fare la domanda di specifica, perché, se si comincia a rispondere prima di aver capito la domanda, si sbaglia. Mettiamo che tu sia un albergatore, un tuo possibile cliente potrebbe obiettare che il prezzo del tuo albergo è troppo caro; ponendo la domanda di specifica potresti capire che per lui lo è in relazione al suo stipendio mensile. Per cui darai la tua risposta in base a ciò che la persona ti specificherà.

Se non fai la domanda di specifica e cominci a rispondere a braccio all'obiezione, ad esempio dicendo: «Sì, il mio albergo è caro, però ha un elevato valore, le nostre camere sono bellissime, è inclusa la colazione», e così via, gli darai tante bellissime motivazioni ma, probabilmente, nessuna farà al caso suo. Infatti se il suo stipendio mensile è esiguo, non ci sarà qualità di questo mondo che potrà convincerlo a prenotare da te, oppure, se vorrai accaparrarti a tutti i costi il cliente, dovrai cercare di cambiare strategia. Quindi bisogna dare risposte precise in base alla domanda, alle esigenze dell'altra persona e alla sua mappa.

Per dare risposte precise, devi ottenere una domanda precisa. L'abilità sta nel saper fare le giuste domande per arrivare alla vera obiezione. Quindi fai pure molte domande, una, due o cento, fino a che non sei riuscito a capire cosa davvero l'altra persona vuole sapere.

Immagina di essere un sarto dal quale arriva un cliente per farsi confezionare un vestito nuovo. Ovviamente non sceglieresti, per lui, un vestito a caso; bensì prenderesti con attenzione le sue misure, indagheresti i suoi gusti, ti accerteresti della cifra che intende spendere e, solo allora, gli indicheresti il modello più adatto.

Se non ti comporti in questo modo il cliente resterà insoddisfatto, perché non avrai creato sintonia, non lo avrai guidato verso il giusto obiettivo, e lo perderai. Questo qualunque sia il prodotto che devi vendere, una camera d'albergo come una consulenza, un corso come un vestito e così via.

Questa tecnica, tuttavia, funziona bene solo se eseguita passo per passo. Ciò che succede è che normalmente la prima fase si salta e la seconda viene considerata facoltativa. Già è molto se viene fatto il ricalco e non si passa direttamente alla guida, cosa che, in genere, si fa nella vita quotidiana. Quindi all'obiezione: «La camera d'albergo costa troppo», la risposta che darai sarà: «No, non è vero, ha un elevato valore.» In questo modo però hai espresso direttamente il tuo punto di vista; non hai ascoltato, non hai detto rispetto a cosa abbia un elevato valore e non hai dato comprensione. Anzi, hai detto "no", lanciando il massimo segnale possibile di distonia.

Quello che ti invito a fare ora è un esercizio divertente che consiste nello scrivere le cinque obiezioni che più spesso ti vengono mosse nella vita di tutti i giorni, sia professionale che privata. Ad esempio, nel privato ti sarà capitato di sentirti dire: «Sei troppo giovane!», o «Sei troppo vecchio»; nella vita professionale qualcuno ti avrà detto: «Questo servizio costa troppo!» Ti renderai conto, scrivendole, che finiscono per ripetersi. Dopo aver fatto questo esercizio, ti chiederò di creare un gruppo di lavoro all'interno del quale vi interrogherete sulle reciproche obiezioni cercando di superarle; vedremo come.

SEGRETO n. 37: per respingere efficacemente un'obiezione puoi servirti del MetaModello, ma ricorda sempre di attuare prima un buon ricalco per creare sintonia tra te e l'interlocutore.

Per aiutarti, ti riporto la trascrizione di un esercizio svolto in aula.

****

GIACOMO: Ora prendetevi qualche minuto per scrivere cinque obiezioni, se ne trovate di più è anche meglio. [...] Avete scritto tutti le obiezioni? Bene, provate a propormene alcune alle quali non sapreste rispondere o non siete sicuri di saper rispondere.

ALLIEVI: Lo stesso articolo in euro costa il doppio.

GIACOMO: Beh, questo è un dato oggettivo, con l'euro tutto costa il doppio. Hai raddoppiato i prezzi? Bravo! Tu sei uno di quelli... A parte gli scherzi, puoi dire: «Capisco ciò che vuole dire, in effetti molti dei costi sono raddoppiati e questo vale anche per noi al momento in cui acquistiamo dal grossista. Noi compriamo al doppio e siamo costretti a vendere al doppio, l'aumento c'è stato da entrambe le parti.» La stessa risposta che tu gli avresti dato comunque, ovvero: «I nostri costi sono aumentati in corrispondenza dei prezzi», gliela dai dopo avergli offerto comprensione, quindi dopo aver detto: «Capisco ciò che vuoi dire, infatti la vita è aumentata anche per noi.» Gli dai la stessa risposta che gli avresti dato nella medesima situazione, aggiungendo, però, comprensione, che crea uno stato positivo di relazione con l'altra persona. Bene, fatemi un'altra obiezione.

ALLIEVI: Sei troppo giovane per questo lavoro.

GIACOMO: Che fossi troppo giovane per fare formazione era una delle convinzioni che avevo all'inizio della mia carriera di trainer. È vero che sono molto giovane ed è proprio per questo che mi sono dedicato con molta passione a ciò che sto facendo, ho letto 2.000 libri in cinque anni e questo dimostra che mi voglio dare veramente da fare. Quindi, la cosa che avresti comunque detto, la fai precedere dalla comprensione, dopo di che inizi a ricalcare. La mia motivazione, in questo caso, era la mia passione. Il fuoco sacro che ha un giovane, la sua carica, non possono appartenere, infatti, a una persona matura.

ALLIEVI: Sei troppo permaloso!

GIACOMO: Troppo permaloso? Troppo rispetto a quali standard? Lui o non saprà risponderti o ti dirà i suoi standard.

ALLIEVI: Se semplicemente dice: «Sei permaloso!»

GIACOMO: In questo caso rispondi: «Capisco che a te sembro permaloso ed è anche vero che molte persone pensano che io sia una persona di grande carattere e sensibilità.» Ciò che fai nel raccogliere l'obiezione è ciò che in PNL si chiama **ristrutturazione,** e sortisce l'effetto di dare un significato leggermente diverso all'affermazione. Quindi, in questo caso, tu prendi il termine "permaloso" e lo modifichi sostituendolo con "sensibile". Oppure il "sei permaloso" diventa "a te sembro permaloso". Quindi nell'utilizzare questa tecnica, fra le altre cose, mi servo anche della ristrutturazione.

ALLIEVI: Quindi non dico: «Io non sono permaloso.»

GIACOMO: No, non dici «Io non sono permaloso», altrimenti crei subito distacco, piuttosto dirai: «Capisco che a te posso sembrarlo ed è anche vero che a tante altre persone non lo sembro.» Se ti dice che sei "troppo permaloso", tu rispondi: «Troppo rispetto a cosa? Ai tuoi standard?» Bene, grazie del feedback, grazie della consulenza. A qualcuno che mi fa una critica, rispondo: «Grazie per la consulenza gratuita; se ne vuoi una da me, invece, mi devi pagare.» Perché, in fondo, se ci pensate, la critica non la dovete vivere come un affronto personale, non dovete sentirvi male per questo. La critica, infatti, esprime qualcosa di voi che contrasta con la mappa dell'altro.

Se qualcuno ti dice: «Sei troppo permaloso», ha espresso un'opinione che risulta dalla sua mappa. La sua mappa è un tuo problema? No, rispetti la sua mappa e gli dai comprensione, ma questo non vuol dire che la fai tua. Se pensi di essere sensibile, continuerai a pensare di esserlo. Durante i primi corsi che ho fatto, non ero in grado di autovalutarmi, così chiunque mi facesse un'osservazione aveva la possibilità, molto più che ora, di suggestionarmi. Ad esempio, se mi sentivo dire: «Secondo me dovresti migliorare in questo aspetto», io non replicavo: «È una tua idea e a me non interessa», ma, al contrario: «Grazie, ci penso, ci ragiono, forse posso migliorare in questo modo.» Ho ascoltato la critica e ne ho ricavato un insegnamento. Anche lì è bene non prendere la critica come un fallimento personale o una ferita alla propria identità. Se si è d'accordo, la si può prendere come insegnamento e dire: «Sì, effettivamente posso migliorare», altrimenti si può replicare: «Bene, questa è la tua opinione, grazie per la consulenza gratuita.»

****

SEGRETO n. 38: attraverso la ristrutturazione, puoi attribuire un significato leggermente diverso all'affermazione del tuo interlocutore, respingendone l'obiezione.

Questo ti permette non solo di gestire linguisticamente l'obiezione, ma di mantenere intatta la tua autostima, rendendo indipendente la tua mappa da quelle degli altri. In molti corsi di formazione e di comunicazione viene usato il termine **empatia**, che significa entrare talmente in contatto con una persona da provare le sue stesse emozioni. Tuttavia l'empatia è un'arma a doppio taglio, perché se una persona sta male e tu entri troppo in empatia con lei, rischi di star male anche tu. Questo è un errore nel quale, spesso, incorrono gli psicologi e gli psicoterapeuti, che infatti assorbono tutte le emozioni negative dei propri clienti. Invece questo è sbagliato, giacché farsi carico di emozioni non proprie non mette in condizioni di aiutare efficacemente gli altri;

inevitabilmente si perde lucidità. Se tu stai male quanto il tuo interlocutore, infatti, non sei nel giusto stato d'animo per aiutarlo.

Io, ad esempio, potrei fare coaching a chiunque, ma non alla mia famiglia, non a mia moglie. Ancor più non lo farò ai miei figli, perché sarà talmente stretto e forte il legame, che non avrei la necessaria lucidità per gestirlo. Magari consiglierò la persona professionalmente a me più vicina, colui o colei che ritengo essere il più bravo coach. Certo, mi costerà di più, ma fatto da me non avrebbe senso.

Quindi l'empatia è un concetto da prendere con le molle. Comprensione sì ed empatia no, nel senso che non è corretto farci carico delle emozioni altrui. Va bene capire la mappa dell'altro, ma non accollarsela, altrimenti si crea la stessa situazione di cui parlavamo prima a proposito del ricalco emotivo. Come accennavo poco fa, infatti, nel ricalco emotivo cerca sempre di porti un gradino sopra il livello emotivo dell'altro, mai allo stesso livello o sotto, altrimenti non riuscirai più a muoverti, rischierai di farti affossare e, comunque, di assorbire emozioni negative. Per aiutare gli altri, infatti, devi prima star bene tu, questo si sa.

****

GIACOMO: Altre obiezioni?

ALLIEVI: Ho visto lo stesso prodotto a un prezzo inferiore.

GIACOMO: Ho visto lo stesso prodotto a un prezzo inferiore? Risposta: «Bene, vallo a comprare da un'altra parte!» Il mio modo di gestire le obiezioni va anche oltre la semplice tecnica. Anzi, c'è un'altra tecnica che si chiama **interruzione di modulo o di schema** e che comporta una risposta di questo genere: «Bene, fallo.»

A parte gli scherzi, se voglio vendere il mio prodotto posso dire: «Bene, può darsi tu abbia visto questo prodotto da un'altra parte», eventualmente puoi chiedergli dove e continuare dicendo: «Se è esattamente lo stesso prodotto ti consiglio di andare lì, se invece è un prodotto simile ma non uguale, devi considerare che il servizio da noi offerto a corredo del prodotto comprende anche questo, questo e questo», e dici ciò che offri.

Poi puoi raccontare un aneddoto, magari di quella volta che, dal concessionario, trattando il prezzo di una Mercedes, tu dicevi di averla vista, di importazione tedesca, a prezzi molto inferiori. Puoi dire che la venditrice, la più brava che avessi mai incontrato, ti ha risposto di tornare dal venditore dove l'avevi vista a prezzo d'occasione e di sincerarti, prima di acquistarla, del fatto che ti offrisse tutte le garanzie che un concessionario autorizzato può offrire. Alla fine hai deciso di comprare l'auto, forse lei avrà intascato, come commissione, i mille euro in più sull'intero prodotto, ma se li era veramente guadagnati. Tanto che hai comprato la macchina perché ti ha convinto il modo in cui ha risposto alla tua obiezione.

Ora, non su tutti i prodotti si ha margine per offrire i servizi in più che fanno la differenza. Un paio di jeans, ad esempio, sono quelli; se tu li vendi a 130 euro e altrove la persona li ha trovati a 100, non hai armi per tenerti il cliente. Comunque, anche in questo caso, cerca di presentare il tuo prodotto nel modo migliore possibile. Altre obiezioni tipo?

ALLIEVI: Perché non parli mai?

GIACOMO: Allora, qui abbiamo la donna che si lamenta perché l'uomo non parla mai quando torna dal lavoro o, in generale, la sera; e questa è un'altra verità oggettiva. Tu puoi dire: «Cara», così crei subito rapport «capisco che in questo momento tu ti senta un po' trascurata, ed è anche vero che tutto ciò che faccio durante il giorno è per assicurarci una vita più serena e più felice insieme e, in ogni caso, mi impegno a darti più tempo.» Quindi le dai la risposta che le avresti dato comunque, ma facendola precedere dal ricalco, in modo da creare almeno un minimo di sintonia fra te e lei. Poi, ovviamente, fai qualcosa per migliorare la situazione e, a quel punto, inserisci la guida.

Ovviamente, anche in questo caso, le cose che diciamo, le promesse che facciamo devono avere un fondamento, una strada su cui si poggiano. Se dici: «Bene, farò del mio meglio», e poi non lo fai, perdi tempo. Se dici che un prodotto vale di più, poi deve davvero valere di più, sennò non ha senso. Anche la guida deve essere sincera, altrimenti poi, si sa, il cliente non torna e perdi un sacco di soldi. Per quanto si possa giocare con le parole, se non si tratta di un prodotto dal valore reale, che ti è costato impegno realizzare, ma solo di una manipolazione linguistica, in capo a una settimana viene fuori.

GIACOMO: Bene, avete altre obiezioni carine?

ALLIEVI: Sei sempre a giocare su tutto.

GIACOMO: Sono sempre a giocare su tutto? L'idea, in questo caso, è di insistere molto sulle domande di specifica. Infatti un'affermazione del genere è talmente vaga che non merita risposta sino a che non viene meglio circostanziata. Devi utilizzare la domanda di specifica e chiedere: «Cosa intendi?» Usando «Cosa intendi», o meglio, «Cosa intendi specificatamente?», non sbagli. Dovresti andare a scavare veramente oltre.

****

E tu saresti in grado di rispondere alle cinque obiezioni che ti fanno più spesso nella vita privata o nel lavoro? Abituati a farlo per iscritto, in quanto risulta piuttosto naturale, viene facile farlo. È un esercizio che ti consiglio di fare anche per abituarti a rispondere in questo modo, con questo schema, alle obiezioni più comuni. Spesso, se ci fai caso, le obiezioni sono sempre le stesse.

Puoi immaginare quante obiezioni standard, ad esempio, io abbia ricevuto nei riguardi del mio libro *Seduzione*. Sono stato anche in trasmissioni televisive, sui giornali e alla radio per presentare il libro e le domande erano sempre le stesse e cioè: «Come si fa a imparare la seduzione?», ancora: «La seduzione non si può imparare», oppure: «Le tecniche non sono spontanee», o: «È un atteggiamento troppo maschilista», anche: «C'è di fondo un'idea di manipolazione». Domande che sorgono spontanee e che mi ripetono in continuazione ai corsi di seduzione o quando presento il libro. Devo confessarti che mi diverto un mondo, perché sono sempre le stesse e ho già la risposta pronta per ognuna, ovviamente.

Il bello di sapere già quali sono le obiezioni più comuni è che puoi utilizzare, per gestirle, un'altra tecnica ancora, molto interessante e più potente di quella che abbiamo appena visto. La gestione delle obiezioni è perfetta per la critica mossa in tempo reale, ossia a critica arriva immediatamente la risposta. In caso di obiezioni che già conosci perché, più o meno, sono le più ricorrenti che ti vengono mosse, è intelligente giocare d'anticipo. La prima cosa da fare è un buon **setup**.

Nel public speaking, ad esempio, si consiglia di utilizzare la prima parte del proprio discorso per il setup, e cioè per fornire tutte le informazioni tecniche e logistiche che ti verrebbero chieste durante l'intervento e per anticipare eventuali obiezioni. Perché, secondo te, una delle prime cose che dico durante le mie sessioni di corso in aula è che si faranno molti esercizi? È semplice: perché se non lo facessi qualcuno potrebbe obiettare e chiedermi: «Perché dovremmo fare degli esercizi?» Mi è capitato anche questo.

Quindi l'idea è di dire tutto il possibile prima, così che nessuno possa obiettare. Se io, ad esempio, dico sin da subito che le domande verranno poste alla fine della spiegazione di ogni argomento, nessuno mi interromperà durante il mio intervento. È molto semplice: *se anticipi eventuali problemi, non li avrai.* Per lo stesso principio, se anticipi le obiezioni il tuo uditorio non avrà modo di metterti in difficoltà. Eviterai, in questo modo, interruzioni, fastidi e possibilità di entrare in distonia.

Adotto la tecnica dell'anticipo delle obiezioni anche quando vado in giro per programmi televisivi a presentare il mio libro. Per fortuna, inizialmente mi danno la parola per parlare del libro in generale, così io sfrutto quello spazio per anticipare tutte le obiezioni che riceverei e che, ormai, conosco a memoria. Ad esempio, dico subito: «So che la seduzione non è qualcosa che si possa imparare, che non è spontanea e che è manipolativa, ed è anche vero che ho semplicemente migliorato il mio modo di comunicare. Non credo ci sia nulla di male. In più le donne con cui parlo si sentono maggiormente comprese.

Tutto ciò che noi sappiamo è appreso e non spontaneo, e lo è anche il nostro modo di comunicare, perché lo abbiamo imparato. Se parlassimo di manipolazione ogni volta che apprendiamo qualcosa, dovremmo dire che lo fanno anche i bambini. Perché il bambino è una spugna e apprende ogni tattica degli adulti. Se si rende conto che piangere è un modo per attirare l'attenzione della mamma, usa questo mezzo perché lo ha appreso. Ciò che spiego nel libro *Saeduzione* è come apprendere nuovi mezzi per comunicare meglio, per stare meglio con se stessi, per essere più sicuri, per avere più fiducia e, quindi, di conseguenza, attirare maggiormente persone dell'altro sesso.»

Con una presentazione del genere voglio vedere chi ha qualcosa da obiettare, infatti a tutte le obiezioni più scontate è già stata data una risposta e non c'è più nulla da dire. Se poi mi fanno un'obiezione simile a una che ho già smontato in precedenza, posso dire che non c'è nulla di manipolativo, che nulla è spontaneo, perché tutto è appreso. Ciò che oggi definisci "spontaneo", è ciò che hai appreso ieri e che oggi ti è divenuto automatico. Quando hai imparato a guidare la macchina, infatti, dovevi pensare a cambiare la marcia, a spingere la frizione, e poi è diventato tutto assolutamente naturale.

Nello stesso modo, le tecniche di comunicazione si imparano e poi diventano spontanee, automatiche. Oppure, ancora, posso chiedere a chi mi intervista: «Cosa intendi tu per spontaneo?» Nello stesso modo anche tu, con le domande giuste, puoi mettere in difficoltà il tuo interlocutore. Se il suo scopo è quello di attaccarti e metterti in difficoltà, rispondi con la stessa moneta.

In genere, anticipando le obiezioni più comuni, risolvi una gran parte di problemi, anche personali. Ad esempio, un uomo è venuto da me dicendo che le donne lo mollavano sempre perché troppo geloso, io gli ho consigliato: «La prossima volta che incontri una donna che ti interessa, dille che credi che la gelosia sia una cosa importante, perché in fondo dimostra che ci tieni all'altro.» Ristrutturare la gelosia con un'altra definizione, quindi trasformarla in un indizio di amore per l'altro, può sortire un duplice effetto: o la persona ti accetta così come sei o non ti accetta affatto. È sempre importante anticiparlo e dirlo da subito. Certo, poi se la gelosia diventa ossessione, occorre lavorare sui comportamenti. Però, ti ripeto, anticipare il proprio punto di vista è meglio.

Fare un buon setup è importante anche all'inizio di una relazione. Ricordo, ad esempio, di aver seguito un ragazzo che aveva come abitudine quella di rimanere in rapporti di amicizia e in contatto telefonico con le sue ex fidanzate. Non c'era nulla di strano, sennonché non lo aveva accennato alla sua nuova fidanzata che, avendolo scoperto dopo un mese di relazione, lo accusò di pensare ancora alla precedente fidanzata e di non tenere a lei.

Gli ho consigliato, per le esperienze future, di dirlo da subito. Mettendo da subito le cose in chiaro, infatti, avrà modo di porre dei paletti. Potrà presentarsi dicendo: «Sono rimasto molto in contatto con le mie ex, perché quando costruisco un rapporto importante, penso che sia giusto continuare a mantenerlo anche dopo, ovviamente su un piano diverso.» Come vedi, un discorso del genere non crea equivoci.

Questo tra l'altro garantisce la nuova fidanzata che, in caso di fine della storia, potrà mantenere con l'ex, se vorrà, un buon rapporto di amicizia e non si butterà via nulla di ciò che si è costruito. È un modo di ristrutturare la cosa e dirla in anticipo, perché, altrimenti, la nuova ragazza si potrebbe spaventare. Al contrario, se uno lo dice prima, il problema è risolto. Sempre che poi le cose stiano realmente in questi termini. Se uno risente l'ex perché ha ancora un legame affettivo possessivo o troppo intenso è un altro discorso, e non va bene; però se ha un rapporto sano, di amicizia, è giusto che possa mantenerlo. Dirlo prima evita litigi dopo.

SEGRETO n. 39: per un efficace anticipo delle obiezioni, la prima cosa da fare è un buon setup.

Quindi anticipare le obiezioni va benissimo, è lo strumento migliore che abbiamo, ma fai attenzione a **non suggerire** obiezioni che il tuo interlocutore non ti avrebbe mosso, perché c'è questo rischio. Se ogni volta che indico un corso di formazione mi obiettano che costa troppo e io inizio a convincermi che le cose stanno realmente in questo modo, al cliente successivo dirò: «Sì, effettivamente il corso costa troppo, ma è di grande valore», e così via. La persona potrebbe replicarmi: «No, veramente non pensavo costasse troppo, però se me lo dici, in effetti è vero, a pensarci costa troppo!» Questa obiezione gliel'ho suggerita io, quindi non va bene. Anticipa esclusivamente le obiezioni che ti fanno sempre e che sei assolutamente sicuro che ti continueranno a fare.

Come ti dicevo, circa il mio libro *Seduzione* sono in grado di anticipare con precisione le obiezioni, perché già conosco perfettamente le domande che mi faranno. Su altri aspetti non mi azzarderei oltre un certo segno, perché potrebbero essere convinzioni mie.

Ad esempio, che un corso sia troppo caro è una convinzione che dipende dalle persone e dalla disponibilità economica, quindi suggerire un'obiezione di questo tipo non conviene. Come l'agente immobiliare che dice: «Non vorrei che pensaste che questo appartamento sia una truffa, però è molto bello, ha un grande valore...». Con una frase del genere, sta suggerendo al potenziale cliente l'idea di truffa; per carità!

SEGRETO n. 40: anticipare le obiezioni va benissimo, ma fai attenzione a non suggerire al tuo interlocutore obiezioni che non ti avrebbe mosso.

Nella mia carriera ho tenuto anche dei corsi a medici. Quando faccio questi corsi so già cosa penseranno: che sono molto giovane e che non sono un medico, quindi si chiederanno come potrei insegnar loro a comunicare efficacemente con i pazienti. Per cui, se non faccio un buon setup anticipando tutte queste obiezioni, mi rovineranno. Sarà invece per me un piacere farlo e creare un buon rapporto di sintonia con queste persone.

Quindi anticipare le obiezioni note è la cosa migliore. Come si anticipa, di fatto? Con gli esempi che ti ho riportato e, in generale, anche raccontando una storia. Ricordi? Avevo fatto degli esempi in questo senso: «Anch'io una volta ero scettico sulla formazione e poi mi sono reso conto che...», e così via. Oppure, ancora, posso dire: «Ah! Sai, io sono una persona molto gelosa, a me piacciono le persone gelose, penso che la gelosia sia una parte importante di una relazione.» Il segreto è raccontare in modo metaforico una storiella, attraverso la quale introduci l'obiezione e la anticipi.

A questo proposito potrei farti un milione di esempi. Per gestire in tempo reale le obiezioni che già sai il tuo interlocutore ti muoverà, ti conviene anticiparle, ad esempio dicendo: «So che il mio prodotto ha un elevato valore e quindi un prezzo alto.» Se non lo farai, ti troverai in difficoltà e ti dispiacerà di non essere stato tempestivo. In alternativa puoi raccontare una storiella di questo tipo: «Una volta mi è capitato un cliente che ha comprato questo prodotto, pensava che costasse tanto e invece si è reso conto che aveva un gran valore, gli ha cambiato la vita e ha guadagnato una rendita incredibile», raggiungi lo stesso obiettivo esprimendoti, però, in modo meno diretto.

A questo punto, esercitati ad anticipare le obiezioni. Puoi dire: «Oggi ti parlo del prodotto che vende la mia azienda. Ci sono molte persone che pensano che costi tanto. In realtà abbiamo fatto degli studi e abbiamo capito che la maggior parte dei clienti è rimasta molto soddisfatta del nostro prodotto.» Puoi provarlo anche da solo, scrivendo un'obiezione e tentando di anticiparla. Ci vuole veramente poca inventiva e si può fare tranquillamente in tempo reale.

Nel momento in cui qualcuno ti muove un'obiezione, inventati qualcosa. In ogni caso, se riesci a fare un po' di pratica è sempre meglio, più pratica fai e più la cosa diventa normale, automatica. La pratica, infatti, nella gestione delle obiezioni, e anche sulla tecnica del ricalco e guida, è una cosa molto buona, perché ti aiuta tantissimo. Io l'ho utilizzata alla grande quando mi hanno invitato a trasmissioni televisive e interviste, perché in quelle occasioni cercano sempre di affossarti o di farti sembrare ridicolo e, comunque, di metterti in difficoltà. Non c'è mai riuscito nessuno.

Per cui, se ci si allena da prima, ci si prepara bene e si ha già una serie di obiezioni che ci si aspetta di ricevere, è molto più semplice ottenere buoni risultati e mostrarsi sicuri e tranquilli. Ciò non toglie che avendo una buona dose di autostima, non ce la prendiamo per un'obiezione o due. Usiamola come strumento per migliorare.

SEGRETO n. 41: nell'attuare un ricalco, è ritenuta ottima pratica quella di ricalcare obiezioni note. Puoi farlo servendoti di alcuni esempi o raccontando un aneddoto.

Quindi occorre, in primo luogo, gestire linguisticamente le obiezioni dell'altro, dare comprensione rispetto alla sua mappa e al tempo stesso ricordarsi che la mappa non è la nostra. Quindi, se l'altra persona ti vede in un certo modo, devi tenere a mente che è comunque una visione assolutamente parziale, per cui non è detto che corrisponda a quella degli altri e, tanto meno, alla tua. L'importante è che tu conviva bene con la visione che hai di te stesso; se sei sereno e contento, va bene così. Infatti devi far riferimento ai tuoi principi interni, ai tuoi standard, non a quelli degli altri. È importante imparare a gestire questa situazione sia linguisticamente che da un punto di vista interiore di autostima e di motivazione.

Ovviamente, saper comunicare bene è una dote fondamentale per saper gestire le relazioni che non possiamo scegliere di non avere, come, ad esempio, quella con i familiari o con i colleghi di lavoro. Qualcuno dice: «Ama la tua famiglia e scegli il tuo gruppo di pari, scegli le persone da frequentare.» Quindi, per quanto ti è possibile, scegli le persone che puoi scegliere e ama la tua famiglia, perché è quella, non la puoi cambiare.

Quindi saper comunicare meglio può aiutarti. Puoi imparare a farlo in qualsiasi situazione grazie alle tecniche, alle strategie e all'atteggiamento mentale della PNL. In riferimento a quest'ultimo concetto, ricorda che la cosa più importante da acquisire è proprio l'atteggiamento mentale di apertura e curiosità verso il prossimo, che ti permetterà di applicare efficacemente le tecniche che abbiamo imparato.

Come dice lo stesso Bandler, il segreto del successo di una comunicazione non sta nel capire se colui o colei con cui stiamo parlando è visivo, auditivo o cinestesico o nel fare un ricalco perfetto. L'obiettivo di una comunicazione efficace si può raggiungere se, prima di tutto, si è aperti, comprensivi e disposti a capire e accettare che la persona con cui comunichiamo ha una sua mappa e che questa è diversa dalla nostra. Sapendo che ognuno di noi comunica su livelli di comunicazione diversi, impareremo a calibrarli cercando di sfruttarli in ascolto.

Ognuno ha una mappa diversa; abbiamo visto che si forma, in entrata ed elaborazione, tramite i tre canali sensoriali, ossia il visivo, l'auditivo e il cinestesico, e che si esprime, in uscita, nel linguaggio. Il ricalco è sì una tecnica, ma al tempo stesso un atteggiamento mentale. Ricordi la metafora del fiume? Tu sei su una sponda, la tua ragazza sull'altra, decidi di essere il leader della comunicazione creando un ponte di raccordo tra te e lei e andando tu per primo. Per cui, se vuoi davvero essere il leader della comunicazione e raggiungere dei risultati, devi andare per primo verso l'altra persona, in questo caso la tua ragazza, e poi guidarla verso la tua sponda del fiume, quindi verso la tua mappa.

Uno dei punti cardine della PNL è che il metro di giudizio delle nostre azioni è dato dai risultati che otteniamo. Quindi se non ottieni un buon risultato, malgrado la tua intenzione fosse buona, te ne devi assumere la responsabilità. Non penserai di aver ottenuto un fallimento, ma un insegnamento, e cercherai di comunicare meglio, di trovare una nuova strategia per raggiungere il tuo obiettivo.

SEGRETO n. 42: saper comunicare bene può aiutarti in qualsiasi situazione, ma ciò che è davvero essenziale tu acquisisca è l'atteggiamento mentale di apertura e curiosità proprio della PNL.

Spero che tutto questo ti sia chiaro, che tu abbia afferrato il concetto, che ti suoni bene. Fai più pratica possibile con tutte le persone che incontrerai, perché solo facendo pratica potrai ottenere i risultati desiderati.

RIEPILOGO DEL GIORNO 4:

- SEGRETO n. 32: per gestire le obiezioni sono necessarie quattro fasi: ascolto attivo, domanda di specifica, ricalco e guida.

- SEGRETO n. 33: la prima abilità che devi acquisire per attuare un buon ricalco verbale e respingere in modo elegante un'obiezione, è quella dell'ascolto.

- SEGRETO n. 34: ponendo una domanda di specifica, che ti permette di dire al tuo interlocutore solo ciò che vuole realmente sapere, devi aver cura di replicare la sua stessa linguistica.

- SEGRETO n. 35: nell'attuare un ricalco verbale, utilizza espressioni che trasmettano un'idea di sintonia come «comprendo», «capisco», «mi rendo conto che». Non dare ragione a tutti i costi, fallo solo se realmente convinto.

- SEGRETO n. 36: nell'introdurre la guida, ricorda di evitare le congiunzioni avversative come ma o però, poiché tendono a cancellare tutto ciò che è stato detto in precedenza.

- SEGRETO n. 37: per respingere efficacemente un'obiezione puoi servirti del MetaModello, ma ricorda sempre di attuare prima un buon ricalco per creare sintonia tra te e l'interlocutore.

- SEGRETO n. 38: attraverso la ristrutturazione, puoi attribuire un significato leggermente diverso all'affermazione del tuo interlocutore, respingendone l'obiezione.

- SEGRETO n. 39: per un efficace anticipo delle obiezioni, la prima cosa da fare è un buon setup.

- SEGRETO n. 40: anticipare le obiezioni va benissimo, ma fai attenzione a non suggerire al tuo interlocutore obiezioni che non ti avrebbe mosso.

- SEGRETO n. 41: nell'attuare un ricalco, è ritenuta ottima pratica quella di ricalcare obiezioni note. Puoi farlo servendoti di alcuni esempi o raccontando un aneddoto.

- SEGRETO n. 42: saper comunicare bene può aiutarti in qualsiasi situazione, ma ciò che è davvero essenziale tu acquisisca è l'atteggiamento mentale di apertura e curiosità proprio della PNL.

GIORNO 5:

Le Armi della Persuasione

Parliamo ora di *persuasione* e di *comunicazione avanzata*, in particolare di quei modelli linguistici che la PNL ha ideato, o meglio modellato sul comportamento dei grandi terapeuti, in particolare ipnoterapeuti, e, più in generale, dei maggiori comunicatori.

Te ne potrai servire per imparare a comunicare in modo sempre più efficace con le persone che incontrerai in qualsiasi situazione, attraverso la comprensione profonda della mappa di ciascuno. Infatti, come sai, ognuno ha una propria mappa interiore, ossia un proprio modo di filtrare e considerare la realtà.

Ci concentreremo, in particolare, sui modelli classici di persuasione creati da Robert Cialdini, autore del testo *Le armi della persuasione*, tradotto anche in italiano. Si tratta di un libro assai interessante e completo, tuttora consigliato dai maggiori esponenti della PNL.

I contenuti proposti da Cialdini sono stati poi rielaborati e utilizzati dalla PNL in chiave più specificatamente linguistica. La linguistica non viene insegnata neanche ai livelli di studio più avanzati, perché, nella quasi totalità dei casi, neanche i professori universitari vengono preparati a usarla nel modo più corretto.

La PNL, al contrario, l'ha studiata in modo approfondito, concentrandosi sul modo in cui il linguaggio è in grado di influenzare il funzionamento del cervello. Ad esempio, come già ti ho accennato, tutti sappiamo che un "ma" e un "però" sono congiunzioni avversative, ma forse pochi sanno che hanno la capacità di mettere in dubbio tutto quanto si è detto precedentemente nella frase che li contiene.

SEGRETO n. 43: la PNL si concentra molto sulla linguistica, studiando il modo attraverso il quale il linguaggio è in grado di influenzare il cervello. Normalmente questo non viene insegnato neanche ai livelli di studio più avanzati.

Ma torniamo ai due modelli oggetto della nostra attenzione: il MetaModello e il Milton Model.

Il **MetaModello**, come già detto nel capitolo precedente, consiste in una serie di domande atte a scavare in profondità, per scoprire cosa c'é dietro a una o più parole, per arrivare alla mappa, ovvero alla visione della realtà della persona con cui ti trovi a relazionarti. Il linguaggio, infatti, può contenere diversi filtri, come distorsioni, cancellazioni, generalizzazioni. Si tratta di schermi che la nostra mente applica nel vivere la realtà di tutti i giorni.

Come detto poc'anzi, ognuno di noi ha una sua mappa e quindi un suo modo soggettivo di percepirla. Normalmente si tende a distorcere ciò che ci accade nel momento in cui gli avvenimenti transitano nel nostro cervello, e quando li riesprimiamo a parole, spesso risultano modificati.

Utilizzando il protocollo di domande del MetaModello si può riuscire a risalire all'esperienza di base. Si tratta di modelli linguistici più impegnativi rispetto alle normali tecniche di comunicazione efficace, infatti fanno parte di un corso di persuasione e di comunicazione avanzata.

SEGRETO n. 44: il MetaModello consiste in una serie di domande atte a scavare in profondità, per scoprire cosa c'è dietro una o più parole del tuo interlocutore, fino a giungere alla comprensione della sua mappa interiore.

Il secondo strumento linguistico, il Milton Model, è stato invece ricavato dall'osservazione delle tecniche utilizzate da Milton Erickson, il più eccellente ipnoterapeuta del Novecento. Bandler e Grinder, i due fondatori della PNL, lo studiarono, lo modellarono seguendolo per moltissimi mesi.

Quello che oggi possediamo come uno schema abbastanza facile da imparare, è il frutto di lunghe e approfondite osservazioni durate molti mesi. In quel periodo, Bandler e Grinder fecero la spola tra la loro università e la residenza di Milton Erickson a Phoenix, in America. Milton Erickson guariva i suoi pazienti con straordinaria facilità e velocità, senza necessità di ipnosi o suggestioni dirette, semplicemente con il linguaggio. Egli raccontava storie, metafore, aneddoti. Il paziente dialogava con lui e non si accorgeva di essere in ipnosi indiretta. Spesso, una volta terminata la seduta, il problema era scomparso.

Bandler e Grinder, ovviamente, erano sconvolti dalle capacità che Erickson aveva e che non sapeva di possedere! Egli era consapevole di ottenere risultati, ma non sapeva come facesse. Essi, con un atteggiamento di grande curiosità, vollero approfondire la questione, capire come tutto questo potesse accadere, fino a che non arrivarono a enucleare i due modelli di cui parliamo.

Erickson è scomparso nel 1990, quindi ho avuto occasione di vederlo in azione solo in uno dei rari video che lo riguardano. La cosa che colpisce immediatamente è l'interesse, la passione che questa persona aveva nei confronti dei suoi assistiti. Li guardava, faceva loro domande con reale curiosità. Per lui in quel momento esisteva solo il paziente. Come ti dicevo, infatti, per arrivare a persuadere la persona che hai di fronte, è essenziale che tu abbia un atteggiamento di reale curiosità e interesse nei suoi confronti, e questo, come sai, è ciò che più mi preme tu capisca.

Ti accorgerai, infatti, che se non entri in sintonia con il tuo interlocutore prima di applicare i due modelli, e specialmente il MetaModello, chi ti ascolta tenderà a innervosirsi, perché gli sembrerà di essere oggetto di un "terzo grado". Infatti, il MetaModello può apparire, a tratti, eccessivamente meccanico e brutale. Comunque ci sono dei modi per rendere "più calde" queste domande; te li spiegherò.

SEGRETO n. 45: il Milton Model è uno strumento linguistico che i padri fondatori della PNL, Bandler e Grinder, ricavarono osservando Milton Erickson durante le sue sedute di terapia.

Ora introduciamo la persuasione, così come è stata presentata da Robert Cialdini nel libro *Le armi della persuasione*. Te ne esporrò i passaggi più interessanti ai nostri fini e la visione che ne ha la PNL. Le tecniche di Cialdini, in realtà, sono indipendenti dalla Programmazione Neuro-Linguistica, la PNL le ha adottate perché ricavate da esperienze di vita, da studi su persone e accadimenti reali. Ti potranno tornare assai utili per adeguarti alla mappa del tuo interlocutore ed entrare in sintonia con lui.

Robert Cialdini affronta, fra i primi argomenti, il **principio di coerenza,** che corrisponde all'idea per cui ognuno di noi vuole, più di ogni altra cosa, essere coerente con se stesso, con l'identità che ha o che ha deciso di darsi e con gli impegni che prende. Per mantenere questa coerenza, infatti, si è disposti a fare cose che non si farebbero in altre situazioni.

C'è un racconto molto famoso nel testo di Cialdini, citato anche da Anthony Robbins in una sua opera. Pare che ad alcuni americani prigionieri in Corea, trattati con riguardo e senza subire alcuna violenza, venne richiesto di scrivere un componimento sui problemi riscontrati nel loro Paese, con la promessa che il miglior scritto sarebbe stato premiato. I soldati americani pensarono che, forse, potevano anche farlo; in fondo non era nulla di grave mettere nero su bianco le problematiche che secondo loro c'erano in patria. In seguito i coreani chiesero loro un secondo componimento più o meno dello stesso tenore, poi un terzo e così via.

Alla fine queste dichiarazioni scritte furono fatte firmare agli autori e fatte leggere da loro in pubblico e davanti a delle telecamere. Immagina l'impatto che ebbe in America la lettura di questi componimenti! Ancor più scalpore ci fu quando i prigionieri, tornati in patria, per coerenza con se stessi, svelarono che, tutto sommato, la cultura orientale non era così male, che forse i coreani non erano così motivati alla guerra e così via. Detto da un prigioniero americano, risuonò come una bomba! Fu una risposta assolutamente non violenta da parte degli orientali, i quali ottennero dei risultati enormi senza violenza, solo tramite la persuasione. Cialdini a questo proposito ci dice che si tratta di un fenomeno di massa, radicato in ogni uomo, perché l'essere umano non accetta di essere incoerente con se stesso.

SEGRETO n. 46: il principio di coerenza corrisponde all'idea secondo cui ognuno di noi vuole, più di ogni altra cosa, essere coerente con la propria identità e con gli impegni che prende.

Su questo argomento si è espresso anche Robert Dilts, un altro grande esponente della PNL, che ha parlato di **livelli logici**. Dilts afferma che l'identità è uno dei livelli logici più importanti, infatti **chi sei** determina poi **come ti comporti**. L'idea che hai di te stesso è parte fondamentale della tua mappa interiore, influenza moltissimo la tua vita. Se, ad esempio, dici: «Io sono timido», non ti sei semplicemente espresso a parole, hai caratterizzato la tua identità, e questo influenzerà i tuoi comportamenti, che saranno quelli di una persona timida, anche se in realtà non lo sei. Questo accade perché, nel bene e nel male, tenterai di essere coerente con quello che credi di essere.

A proposito di questo meccanismo, è stato realizzato un esperimento su una spiaggia americana con l'aiuto di due attori. Uno dei due si sistemava con asciugamano e ombrellone, poggiava la sua radio sul telo spugna e si allontanava per alcuni minuti senza dire nulla a nessuno. A quel punto arrivava l'altro attore, che rubava la radio sotto gli occhi di tutti e se ne andava indisturbato. Nessuno tentava di fermarlo, anche se più di una persona si era accorta del furto. In una seconda fase dell'esperimento, il primo attore, poco prima di allontanarsi, chiedeva al vicino di ombrellone di fare attenzione a che nessuno prendesse la sua radio. Stavolta, nel momento in cui il secondo attore tentava di rubare la radio, la situazione cambiava completamente: il 97% delle persone rispondeva alzandosi in piedi e bloccando il ladro. Alcuni sono addirittura arrivati alle mani, e tutto questo solo per coerenza con l'impegno preso.

Ricorda che questo meccanismo vale sia per la persuasione che per la comunicazione efficace; ad esempio, se vuoi che tuo figlio si comporti da adulto, che non faccia lo stupido, invece di dirgli: «Sei uno stupido», che è una frase gravissima, in grado di ledere l'identità, specialmente in tenera età, puoi affermare: «So che sei un bravo bambino e che ti sai comportare da adulto, quando vuoi.» In sostanza lo tratti come un tuo pari, gli conferisci identità di adulto e certo lui si comporterà di conseguenza. Come afferma Cialdini, «è un'arma di persuasione, un ottimo modo di comunicare».

Il principio di coerenza può essere applicato efficacemente anche nell'ambito del lavoro, interagendo con il proprio capo o i propri dipendenti. Ad esempio, se sei alla guida di un gruppo e definisci coloro che ti aiutano "collaboratori" e non "dipendenti", li investi di una responsabilità maggiore, quella di lavorare assieme a te; conferirai loro un'identità diversa e tutti lavoreranno con maggiore lena. Lavorare sull'identità delle persone è pericolosissimo, puoi distruggerla o costruirla con una parola! Quindi lavora sempre in senso positivo. Nel momento in cui attribuisci una certa identità a qualcuno, applicandogli una o più etichette, lo porti ad adottare comportamenti che da queste conseguono.

Ad esempio, io ho avuto un parente in ospedale per lungo tempo e quando andavo a trovarlo notavo che non sempre le infermiere erano disponibili ad aiutare lui come gli altri malati. In fondo, pensavo, per loro è un lavoro, quindi non si rendono conto che per il malato la situazione è molto più grave. Con il tempo mi sono reso conto che, addirittura, alcune volte arrivavano a rispondere male a me o al paziente!

Quindi ho detto a una di loro: «Tu hai scelto questo lavoro perché sei una persona altruista, per fare del bene agli altri, quindi da te mi aspetto maggiore disponibilità.» Silenzio, non sapeva come rispondermi. In sostanza aveva due scelte praticabili, o mi diceva: «Non sono altruista», rinnegando la sua identità, oppure: «Sì, è vero, questa è la mia identità, quindi hai ragione, io devo essere disponibile.» Piuttosto che criticare gli altri, attribuisci loro un'identità positiva, così, automaticamente, otterrai il risultato sperato. Si tratta di un principio di persuasione.

Ancora, poco tempo fa dovevo incontrare un prete assieme a un'altra persona. Tuttavia chi mi doveva accompagnare si ammalò e all'incontro potei andare solo io. Questo mi diede pensiero, poiché la segretaria si era raccomandata che ci fossimo entrambi, altrimenti il prete si sarebbe arrabbiato. Per prepararmi a rispondere adeguatamente agli eventuali rimbrotti del religioso, mi ero creato tutto un discorso interiore. Avevo in mente di dire: «Ma come, proprio lei, da cui mi aspetto una preghiera e non una critica…». Invece, devo dire che sono rimasto spiazzato oltre che molto contento, perché il prete è stato gentilissimo e mi ha detto: «Non si preoccupi, dirò una preghiera per l'altra persona.» Questo sta a dimostrare che spesso le persone non sono esattamente come ce le immaginiamo, magari il fatto che il religioso si potesse arrabbiare era solamente un pungolo che la segretaria aveva voluto darmi per far sì che ci fossimo tutti e due, chissà.

SEGRETO n. 47: tra i livelli logici di cui ci parla Robert Dilts, l'identità è forse il più importante, perché l'idea che hai di te stesso influenza inevitabilmente i tuoi comportamenti.

Ma veniamo a parlare del secondo fondamento: il **principio del contrasto**, un po' più semplice rispetto al primo. Ad esempio, fa' caso all'atteggiamento delle donne durante i saldi di fine stagione: tendono a comprare tantissimo, spesso ben più di ciò di cui avrebbero bisogno. Perché? Perché rispetto al prezzo precedente, quello attuale sembra loro bassissimo e dicono: «La differenza è talmente tanta che devo assolutamente comprare!», altro che persuasione.

Probabilmente se i negozianti avessero proposto loro lo stesso prodotto a quel prezzo fin dall'inizio non lo avrebbero comprato, poiché non lo avrebbero percepito come un'occasione da cogliere. Durante gli ultimi saldi di fine stagione, mia moglie ha acquistato un paio stivali e tornando a casa mi ha detto: «Ho comprato degli stivali bellissimi!» «Bene», le ho risposto «quanto li hai pagati?» E lei: «200 euro.» Sono riuscito a ribattere solamente con un «Ah!» di meraviglia e un «Complimenti!» Mi ha spiegato che sarebbe stato un delitto non comprarli, in quanto erano scontati al 50 per cento. Probabilmente se avessero avuto come prezzo 200 euro sin dall'inizio, non li avrebbe acquistati, ma nel passaggio da 400 a 200 il principio del contrasto si era fatto sentire talmente tanto da rendere l'acquisto molto appetibile.

A proposito del principio del contrasto, sono stati fatti degli esperimenti con delle bacinelle d'acqua, tre per l'esattezza. La prima contenente acqua freddissima, addirittura ghiacciata, la seconda molto calda, ovviamente non bollente, e la terza a temperatura ambiente. La "cavia" doveva mettere la mano sinistra nell'acqua ghiacciata e la destra in quella molto calda; poi doveva immergerle assieme nell'acqua a temperatura ambiente. A quel punto la mano sinistra, che proveniva dall'acqua gelida, la sentiva calda, al contrario la mano destra, che proveniva dall'acqua molto calda, la sentiva fresca: anche a questo si applica il principio del contrasto ed è una sensazione molto particolare!

Potrei farti un altro esempio sul contrasto ricordando il mio viaggio in America, ad Orlando, fatto per seguire il corso di formazione per trainer di Bandler. Noi ragazzi italiani avevamo formato un gruppo e, spesso, la sera ci ritrovavamo a uscire insieme. Devi sapere, come premessa al mio racconto, che in

America è molto diffuso il problema dell'obesità; molti, giovani e meno giovani, sono in forte soprappeso, anche se non se ne fanno un problema e in estate girano tranquillamente in shorts e maglietta corta. Una sera, come dicevo, ci trovammo in un pub nel quale c'era una cameriera di aspetto gradevole. Uno di noi, nel vederla, commentò: «Carina questa!», in realtà quella ragazza era sì graziosa, ma assolutamente normale, e in Italia, probabilmente, non l'avrebbe neanche notata, mentre a confronto con le ragazze del luogo sembrò bellissima. In ogni caso, tieni presente che la seduzione ha poco a che fare con il fisico, quanto piuttosto con il modo di comunicare e di relazionarsi, con la capacità di capire la mappa dell'altro ed entrare in sintonia con lui.

Si serve del principio del contrasto l'agente immobiliare che, in un primo momento, mostra a un potenziale acquirente un paio di case molto semplici e ordinarie, magari anche piuttosto malridotte, e poi quella dei suoi sogni, perfetta e ristrutturata, con tutte le caratteristiche che aveva richiesto e a un prezzo più basso rispetto alle precedenti. Utilizzando questo accorgimento l'agente ha praticamente in mano la vendita. Poi, certo, bisogna chiedersi quanto, a livello etico, sia lecita questa strategia e se puoi pensare di applicarla. L'etica in questo caso, secondo me, sta nel far contento il cliente, spingendolo un po' verso una decisione che avrebbe comunque preso, magari con un po' di tempo in più, o che avrebbe certamente sbagliato a non prendere. Penso invece sia sbagliato tentare di vendere un prodotto scadente.

Mi è venuto in mente un altro esempio di contrasto da proporti. Cialdini pubblica la lettera di una studentessa universitaria ai genitori, nella quale si legge: «Qui al college va tutto bene, sennonché l'altro giorno è andata a fuoco la cucina, quindi stavo prendendo fuoco anch'io, per fortuna un giovane mi ha salvato e poi si è offerto di ospitarmi a casa sua. Adesso conviviamo e abbiamo deciso di sposarci tra breve, perché, ancora non lo sapete, sono incinta...», e prosegue su questo tono per un bel po' di righe, finché dice: «No, scherzo, è tutto falso. Volevo solo dirvi che ho preso un brutto voto all'esame e che lo rifarò presto, ma dovevo prepararvi affinché lo vedeste nella giusta prospettiva. Un saluto, a presto». È ovvio che tanto sarà stato il sollievo dei genitori nel vedere smentite le vicende narrate all'inizio, da far dimenticare il disappunto per il brutto voto conseguito dalla figlia!

SEGRETO n. 48: il principio del contrasto dà al tuo interlocutore l'illusione che tu gli stia facendo una concessione o offrendo un'occasione che non può lasciarsi sfuggire.

Il terzo pilastro, assai interessante, è il **principio di autorità**. Robert Cialdini ci parla di un esperimento sconvolgente fatto a questo proposito. L'oggetto era: come la punizione influisce sulla memoria. Gli sperimentatori misero un annuncio sul giornale dicendo di cercare persone per un test sulla memoria e l'apprendimento. Coloro che rispondevano, avevano il compito di assistere il medico che eseguiva gli esperimenti su alcune "cavie" umane.

Il test consisteva nel legare la cavia a una sedia e darle un certo tempo per memorizzare la sequenza di alcune carte poste su di un tabellone. Scaduto il tempo, le veniva chiesto di trovare delle coppie di carte identiche tra loro, se avesse sbagliato l'associazione, come punizione avrebbe ricevuto una scossa elettrica di intensità crescente, si partiva dai 15 per arrivare ai 450 volt! Con conseguente probabile rischio di morte.

Le cavie, dopo alcune scosse, iniziavano a lamentarsi vistosamente, ad accusare dolori, nausea, ad avere svenimenti e via discorrendo. Tuttavia chi doveva dare la scossa, nonostante queste preoccupanti reazioni, continuava a dare ascolto al dottore che imponeva di intensificare il voltaggio. Solo una piccolissima percentuale si rifiutò di continuare oltre un certo segno. Ciò che non sapevano coloro che avevano risposto all'annuncio, è che cavie e dottore erano d'accordo, per cui le cavie fingevano di sentirsi male. Gli psicologi ideatori dell'esperimento avevano stimato che sarebbe arrivato fino in fondo al test non più dell'1-2% delle persone e non il 90%! Cialdini spiega questi risultati con il principio di autorità.

Quando un professore, o in genere una persona che ritieni autoritaria, ti chiede di fare qualcosa, tendi a eseguire macchinalmente, senza filtrare le sue parole attraverso la ragione. Ciò è ancor più vero se si tratta del consiglio di un medico, ecco il perché del comportamento sopra descritto. È stato fatto un altro esperimento di questo tipo negli ospedali americani. A far da complici un finto medico e un finto paziente. Arrivava in reparto una telefonata dal finto medico che chiedeva di somministrare dosi di farmaco al paziente-complice. L'infermiere, oggetto inconsapevole dell'esperimento, eseguiva senza controllare la cartella clinica dell'ammalato, pur non conoscendo il medico che aveva ordinato la terapia. Questo si è verificato nell'80% dei casi; ti rendi conto? Per esperienza personale, so che in Italia le cose non funzionano così; in più questo esperimento risale agli anni '70, quindi mi auguro che anche in America si faccia, oggi, un doppio controllo su quanto si somministra.

Si basano sul principio di autorità anche le tante pubblicità in cui oggi vengono utilizzati come testimonial personaggi famosi. Pensaci, se Del Piero dice che bisogna bere una certa marca di acqua, probabilmente è perché ci fa sentire meglio e aiuta a diventare campioni come lui! Questa è l'idea inconscia che ti vogliono trasmettere i pubblicitari. Così il finto dentista che ci consiglia un dentifricio ci dice: «Sono un dentista, quindi un'autorità in questo settore e puoi ascoltarmi con fiducia.» Il fatto, poi, che sia un attore e non un dottore, poco cambia: ti ha convinto della bontà del prodotto. Ti sarà capitato, nella vita di tutti i giorni, di utilizzare questi strumenti o che altri li abbiano utilizzati su di te, più o meno consciamente. Ad esempio nella vendita se ne fa continuo uso, te l'ho dimostrato parlando prima dei saldi.

La PNL ha studiato il funzionamento del principio di autorità anche dal punto di vista neurologico. Pare che le persone maggiormente autoritarie vengano percepite, a livello di immagine mentale, come più alte. Questo accade per il principio secondo il quale «tanto più sei grande e tanto maggiore sarà la tua autorità». Anthony Robbins, ad esempio, è un grandissimo formatore in tutti i sensi! È alto più di due metri e pesa oltre cento chili: in pratica è quadrato, è proprio il classico omone. Per questo motivo riesce a esercitare meglio la sua autorità quando incontra le diecimila persone che partecipano ad ogni suo corso.

Poi, ovviamente, ha anche molto peso il proprio carattere e il modo, più o meno efficace, che si ha di comunicare. Intanto, però, è provato che da un punto di vista di immagine, semplicemente di presenza, è molto più autorevole, nella mente delle persone, un individuo più massiccio rispetto a uno più minuto.

Così accade anche a chi si presenta con giacche, camici e così via: la veste ufficiale conferisce autorità. Mi è capitato, ad esempio, di avere tra gli allievi di un mio corso un'amica di mia moglie, che conoscevo abbastanza bene e con la quale eravamo usciti in gruppo più di una volta. È accaduto che dopo aver seguito il corso con me e avermi visto in veste ufficiale, si rifiutasse di darmi ancora del tu!

SEGRETO n. 49: il principio di autorità consiste nel richiamare al tuo interlocutore l'esistenza di un'autorità superiore in grado di persuaderlo e condizionarlo a comportarsi nel modo da te voluto.

Quarto principio è quello della **scarsità**. I saldi sono un buon esempio anche in questo caso: solo se vai il primo giorno troverai i pezzi migliori, dopo sai che il meglio è già andato. Anche i viaggi last minute funzionano sulla base di questo principio: sai che se compri all'ultimo minuto potrai godere di una grande offerta, quindi o cogli al volo l'occasione o la perdi.

Si utilizza il principio di scarsità anche nella gestione del tempo. Ti sei reso conto che spesso una delle più consistenti e fastidiose interruzioni che patisci mentre stai lavorando sono le telefonate? Beh, sai perché avverti l'obbligo di rispondere al telefono? Perché hai la sensazione che a non farlo perderesti un'occasione. Chi può essere? Se non rispondi non lo saprai mai! A meno che non richiami più tardi. Per fortuna oggi c'é la possibilità di riconoscere chi chiama, quindi il problema si è risolto.

Lo stesso principio viene adottato dagli albergatori. L'idea è che ci sono dei periodi più vuoti e si fa in modo che si riempiano fingendo, magari, che proprio in quel momento ci sia una grande richiesta in corso. Questa stessa tecnica, che rientra sia nel principio della scarsità che in quello della coerenza, è utilizzata dalle case produttrici di giocattoli nel periodo di Natale. Cosa fanno? Ad esempio la Sony fa in modo che ci siano pochissime Playstation in giro, lo fa perché sa che il genitore, che magari l'ha promessa al figlio, acquista intanto un altro giocattolo e poi la ordina per gennaio, che notoriamente è periodo di magra per i giocattoli, così spende due volte e si va in pari. Coerenza e scarsità valgono anche per il discorso saldi: sotto Natale si spende comunque molto anche in abbigliamento e dopo l'8 gennaio molto di più! Dramma delle donne!

SEGRETO n. 50: nell'usare il principio di scarsità, presenti te stesso o un tuo prodotto come qualcosa di prezioso e difficile da ottenere, come un'occasione impedibile e, quindi, da cogliere al volo.

Quinto principio è quello della **riprova sociale**. Il nome non è molto famoso, ma lo sono le conseguenze. Ad esempio, ti sei chiesto come mai a *Striscia la notizia* ci sono le risate finte? Anzi, da qualche anno a questa parte è stato addirittura introdotto il vero pubblico in sala che batte le mani e ride a comando. La stessa cosa accade anche in molte serie televisive famose come nel caso de *I Robinson*. Tutti siamo consapevoli della finzione, però sembra che queste aggiunte facilitino la risata a chi vede la trasmissione, che quindi risulta più divertente e, in ultima analisi, migliore. Pare infatti che la risata, per quanto finta, abbia il potere di influenzare il nostro inconscio, il nostro modo di percepire il programma. Probabilmente a *Striscia la notizia* hanno organizzato un pubblico vero anche per rendere più verosimile questo effetto.

La riprova sociale si ha quando sei portato a pensare: «Questa cosa è vera perché la fanno tutti. La mia riprova deriva dal fatto che la società si comporta in questo modo.» A questo proposito Cialdini riporta un caso tragico ma esemplare: un omicidio occorso a New York, in pieno giorno, nel bel mezzo di una piazza e di fronte a 38 testimoni oculari. L'azione era durata all'incirca 30 minuti: una persona aveva inseguito un'altra minacciandola, malmenandola e violentandola fino a ucciderla, mentre nessuno aveva fatto nulla per salvarla. Cialdini si chiese come mai. Giunse alla conclusione che in questi casi tutto dipende dall'atteggiamento del gruppo, e più il gruppo è ampio e peggio è. Questo accade perché la responsabilità è condivisa e ognuno si dice: «Se non fanno nulla gli altri, perché dovrei fare qualcosa io?»

Stessa cosa accade nell'esperimento che ha come protagonista un ragazzo che, fingendosi epilettico, si butta a terra e inizia a contorcersi. I passanti continuano a camminargli intorno facendo finta di niente e certo dicendosi: «Se nessuno reagisce, perché dovrei farlo io? Certo sarà un barbone, lasciamolo lì dov'è!» Tuttavia in questo caso, come nel precedente, sarebbe stato sufficiente che reagisse una sola persona per scatenare l'intero gruppo. Spesso ciò che ci frena è il senso del pericolo: «Perché espormi se gli altri non lo fanno?», ma è sufficiente che lo faccia uno soltanto per far muovere tutti gli altri. I gruppi, infatti, spaventano di più rispetto al singolo. Allo stadio, per esempio, persone rispettabilissime si trasformano in ultras: fanno a coltellate, lanciano bottiglie, monete. Perché? Perché c'è il gruppo e se lo fanno tutti la responsabilità è condivisa.

Anche le affermazioni positive fatte da altre persone sono importanti per persuadere, utilissime per comprendere a fondo la loro mappa e portarle verso la nostra. Ad esempio, sul nostro sito abbiamo una pagina dedicata alle testimonianze dei lettori. Chi lo desidera può inviare una email con la sua opinione perché sia pubblicata. Ciò presenta un doppio vantaggio: chi partecipa è felice di veder pubblicato il suo messaggio e noi siamo gratificati perché otteniamo gratis molte testimonianze positive sui nostri prodotti. Sappiano che altre persone leggeranno e, immedesimandosi, si convinceranno della qualità dei nostri ebook; si tratta di un caso di riprova sociale.

Così come anche, sempre tornando allo shopping, quando vedi fuori la fila da un negozio, hai più voglia di entrarci, perché ti chiedi: «Cosa mai ci sarà lì dentro? Vado anch'io!» Stessa cosa accade in discoteca, dove tengono apposta fuori le persone per creare l'"effetto fila", anche se poi, magari, nel locale non c'è nessuno. Al contrario, immagino che ti sia capitato di entrare in un ristorante, renderti conto che non c'era nessun altro cliente e di andartene; io stesso l'ho fatto. Succede perché, in casi come questo, siamo portati a pensare che ci sia qualcosa che non va e quindi, nel dubbio, ci allontaniamo.

SEGRETO n. 51: il principio di riprova sociale fa sì che tanto maggiore è il numero di persone che ritengono giusta una determinata idea, tanto più quell'idea verrà considerata giusta da un numero sempre maggiore di persone.

Sesto principio è quello della **reciprocità**, molto interessante e conosciuto soprattutto dalle donne. Hai presente il campione omaggio che regalano in profumeria? È un modo come un altro per farti conoscere il prodotto, così, se ti piace, torni e lo acquisti, e comunque crei un buon rapporto con la profumeria che te l'ha fornito. La stessa cosa vale per il campione omaggio di formaggio nei supermercati, è più raro, però quando c'é il banchetto degli assaggi, non te la senti di andare lì, mangiare e non acquistare poi la porzione. È tale la forza del condizionamento, che lo compri anche se non ti è piaciuto troppo... magari, pensi, poi lo regalerai!

Io ricordo di essere andato, tempo fa, in una pizzeria a taglio, con le idee non del tutto chiare sul tipo di pizza che intendevo acquistare. Il proprietario mi propose un test: «Ti do un assaggio di questo tipo. È buonissima, provala!», non mi convinceva, era una pizza molto elaborata, tuttavia ho deciso ugualmente di provare. Alla fine l'ho comprata, anche spinto dal principio di reciprocità: ormai l'avevo assaggiata, dovevo prendere quella, sarebbe stato sgarbato rivelare che non mi piaceva! Costava ovviamente più di tutte, perché molto pesante; quindi lui è riuscito, attraverso quella strategia, a fare la sua piccola vendita.

Stessa cosa accade con i venditori del famoso "Folletto". Quasi tutti ce l'hanno, compreso io, ovviamente, e posso testimoniare che è un ottimo prodotto. Fu mia moglie a decidere di acquistarlo. Una sera, passeggiando per Roma, incrociammo un banco della Folletto. Ci avvicinammo perché incuriositi dal prodotto e dal fatto che fosse tanto diffuso. Il venditore, parlando delle "immense" potenzialità del Folletto, riuscì a estorcere un appuntamento e venne a casa nostra per una dimostrazione.

Io ero felice, perché pensavo che a fine dimostrazione, dopo averci pulito l'intera casa, lo avremmo liquidato facilmente. Assolutamente no! A fine dimostrazione ci chiese candidamente: «Cosa ordinate? Solo il Folletto o anche tutti gli accessori?», presupponendo già conclusa la vendita. Intanto io lo guardavo e dicevo: «Eccolo là! Un bravo venditore!»

SEGRETO n. 52: il principio di reciprocità si basa sul bisogno, avvertito da ognuno, di ricambiare favori veri o presunti.

Immagino ti sia reso conto di quanto queste armi di persuasione siano realmente presenti nella tua vita di tutti i giorni e di come tu possa utilizzarle per proporti al meglio, immedesimandoti nella mappa di coloro con cui ti relazioni, per capire quale sia il modo migliore di convincerli della bontà delle tue idee.

RIEPILOGO DEL GIORNO 5:

- SEGRETO n. 43: la PNL si concentra molto sulla linguistica, studiando il modo attraverso il quale il linguaggio è in grado di influenzare il cervello. Normalmente questo non viene insegnato neanche ai livelli di studio più avanzati.

- SEGRETO n. 44: il MetaModello consiste in una serie di domande atte a scavare in profondità, per scoprire cosa c'è dietro una o più parole del tuo interlocutore, fino a giungere alla comprensione della sua mappa interiore.

- SEGRETO n. 45: il Milton Model è uno strumento linguistico che i padri fondatori della PNL, Bandler e Grinder, ricavarono osservando Milton Erickson durante le sue sedute di terapia.

- SEGRETO n. 46: il principio di coerenza corrisponde all'idea secondo cui ognuno di noi vuole, più di ogni altra cosa, essere coerente con la propria identità e con gli impegni che prende.

- SEGRETO n. 47: tra i livelli logici di cui ci parla Robert Dilts, l'identità è forse il più importante, perché l'idea che hai di te stesso influenza inevitabilmente i tuoi comportamenti.

- SEGRETO n. 48: il principio del contrasto dà al tuo interlocutore l'illusione che tu gli stia facendo una concessione o offrendo un'occasione che non può lasciarsi sfuggire.

- SEGRETO n. 49: il principio di autorità consiste nel richiamare al tuo interlocutore l'esistenza di un'autorità superiore in grado di persuaderlo e condizionarlo a comportarsi nel modo da te voluto.

- SEGRETO n. 50: nell'usare il principio di scarsità, presenti te stesso o un tuo prodotto come qualcosa di prezioso e difficile da ottenere, come un'occasione impedibile e, quindi, da cogliere al volo.

- SEGRETO n. 51: il principio di riprova sociale fa sì che tanto maggiore è il numero di persone che ritengono giusta una determinata idea, tanto più quell'idea verrà considerata giusta da un numero sempre maggiore di persone.

- SEGRETO n. 52: il principio di reciprocità si basa sul bisogno, avvertito da ognuno, di ricambiare favori veri o presunti.

GIORNO 6:
Capire gli Altri con il MetaModello

Le strategie di persuasione possono essere utilizzate facilmente nella vendita, nelle relazioni interpersonali e nella comunicazione efficace in generale. Mirano a convincere le persone con le quali vieni in contatto ogni giorno e con le quali ti relazioni della bontà delle tue idee e dei tuoi consigli e dell'opportunità di seguirli. Non dimenticare mai, però, l'importanza di adeguarti alla mappa della persona con la quale, di volta in volta, ti relazioni, perché siamo tutti diversi e ognuno ha una propria visione della realtà.

La PNL ha raccolto i principi ispiratori delle strategie di persuasione, modellati sul vissuto di alcune persone, su casi concreti, e li ha fatti suoi, analizzandoli però maggiormente sotto l'aspetto linguistico. Ne sono derivate le due principali tecniche linguistiche della PNL: il **MetaModello** e il **Milton Model**.

Come sai, il MetaModello consiste in una serie di domande che servono a scavare in profondità in un'esperienza. Invece il Milton

Model, che poi vedremo, altro non è che un MetaModello al contrario. Cioè, se con il MetaModello ricerchi la precisione, e da una frase tendi a risalire all'esperienza che la motiva, con il Milton Model, al contrario, resti sul vago. È, in sostanza, il linguaggio degli ipnotisti, che sono molto vaghi allo scopo di raccogliere più esperienze possibili. Si dice spesso, infatti, che MetaModello e Milton Model sono complementari e inversi, uno l'opposto dell'altro; quindi, imparato l'uno, si impara facilmente anche l'altro.

SEGRETO n. 53: le due principali tecniche linguistiche della PNL, il MetaModello e il Milton Model, sono l'una il contrario dell'altra. Se con il MetaModello ricerchi la precisione, con il Milton Model resti sul vago.

Ma veniamo al MetaModello. Tempo fa è venuta a chiedermi aiuto una ragazza con problemi sentimentali. La prima cosa che mi ha riferito, quando l'ho incontrata, è stata la sua idea degli uomini: «Sono tutti dei gran bastardi!» Questa frase, pur abbastanza comune, nella sua linguistica si riferiva a un'esperienza precisa, che rifletteva la sua mappa interiore, e quindi dovevo cercare di individuarla. Il MetaModello aiuta in questo; infatti, attraverso alcune domande specifiche, puoi scavare fino a raggiungere l'esperienza che è alla base della convinzione della persona che hai di fronte. Perché è necessario farlo? Perché tra l'esperienza e il linguaggio ci sono una serie di filtri mentali che creano problemi, che possono far diventare quella che era solo un'esperienza soggettiva una realtà incontestabile, oggettiva, che vale per tutti, nessuno escluso.

A causa di un'esperienza isolata può succedere, infatti, che una persona non riesca più a relazionarsi con gli altri. Se riesci, attraverso il protocollo di domande del MetaModello e solo con il tuo linguaggio, con la tua comunicazione, a riportare la persona all'esperienza iniziale che ha dato vita alla convinzione espressa con quella frase, forse puoi sbloccare quel meccanismo. Nel caso di cui ti parlo, solo così la ragazza si è potuta rendere conto che non tutti gli uomini sono uguali e che c'erano molti esempi di relazioni che andavano benissimo.

SEGRETO n. 54: grazie al protocollo di domande proprie del MetaModello, puoi riuscire a scavare fino a raggiungere

l'esperienza che è alla base della comunicazione della persona che hai di fronte.

Quindi, quali sono i filtri mentali che, a partire da una certa esperienza, ci portano a usare un linguaggio generico e impreciso? La PNL ne ha studiati in particolare tre: **generalizzazioni, cancellazioni** e **distorsioni.**

Per spiegarli riprendiamo l'esempio della ragazza di cui parlavo poco fa. Ho scoperto, attraverso l'uso del MetaModello, che le era successo una sola volta di essere tradita.

Questo può capitare, non è stata la prima e non sarà l'ultima, ma cosa ha fatto lei? Ha generalizzato, cancellato e distorto questa esperienza. L'ha generalizzata dicendo: «Se un uomo mi ha tradita, allora tutti tradiscono. Quindi tutti gli uomini sono traditori», per cui una cosa che dovrebbe valere solo per la persona che l'ha effettivamente tradita vale per tutti. Perché? Succede perché l'esperienza è stata molto forte emotivamente, l'ha colpita a fondo e quindi è bastata per passare da "uno" a "tutti". Poi ha cancellato fingendo di non vedere gli esempi di relazioni positive intorno a sé o dicendo: «Certo prima o poi anche queste storie finiranno con un tradimento», oppure: «Il fidanzato di quella mia amica non fa testo, perché è talmente buono... e poi loro sono talmente innamorati...». Infine ha distorto pensando: «Sì, effettivamente quella mia amica sta con quel ragazzo, però lui è uno che fa sempre lo stupido con tutte, quindi prima o poi la tradirà...». Cosa ha fatto? Ha travisato la realtà, magari quel poveraccio di fidanzato, bravissimo, non aveva fatto nulla di male, aveva solo delle amiche con cui si intratteneva a parlare, però lei ci ha voluto vedere a tutti i costi qualcosa di sbagliato.

Questi tre meccanismi, che usiamo inconsciamente, partendo dall'esperienza di base, ci portano a utilizzare un linguaggio generico e impreciso, non più corrispondente all'esperienza stessa, perché modificato dai tre filtri. Stesso discorso vale per le convinzioni: se sei certo di essere un bel ragazzo, entrando in un bar e notando una ragazza che ti sorride, distorcerai dicendo: «Vedi? Ho colpito ancora!», perché hai la tua convinzione e fai in modo di distorcere la realtà per adeguarla a te, al tuo modo di vedere le cose e alla tua mappa. Contemporaneamente, vai a cancellare tutti i segnali negativi in contrasto con questo e generalizzi: «Sì, tutte le donne mi vengono dietro!» Viceversa, se ti ritieni un brutto ragazzo, entrando nello stesso bar e notando la stessa ragazza sorridente, penserai che si stia prendendo gioco di te, cancellando tutti i segnali positivi contrari e, anche in questo caso, generalizzando: «Le donne mi prendono in giro per la mia bruttezza!» Con il MetaModello elimini questo problema arrivando alla reale esperienza, che magari è molto riduttiva.

SEGRETO n. 55: la PNL ha studiato in particolare tre filtri mentali che portano a usare un linguaggio generico e impreciso: generalizzazioni, cancellazioni e distorsioni.

Spesso si può verificare quella che si definisce **profezia autoavverantesi**. Cosa vuol dire? Che la stessa ragazza tradita, per trovare conferme alla sua teoria, andrà sempre e comunque a legarsi a un certo tipo di uomini, che con il loro prevedibile comportamento le permetteranno di continuare a dire che «gli uomini sono tutti bastardi!»; oppure, anche fidanzandosi con un bravissimo ragazzo, lo soffocherà di gelosia a tal punto che lo porterà a stancarsi e a tradirla con una persona meno pesante.

SEGRETO n. 56: per il principio della profezia autoavverantesi, una persona convinta di una certa idea continuerà a comportarsi in modo tale da confermarla.

Vediamo ora nello specifico i tre filtri. Ciascuno di essi comprende alcune categorie e per ognuna c'è una domanda più giusta di altre da porre al proprio interlocutore.

Nell'ambito della categoria delle **cancellazioni**, troviamo quattro domande tipiche considerate "giuste". Iniziamo con le **cancellazioni semplici**; queste si hanno quando mancano alcune informazioni che sono state del tutto cancellate.

Se una persona dice: «Ho paura», la domanda che le farai è: «Paura di cosa?», quindi attraverso la domanda devi andare a ricercare l'informazione che manca.

SEGRETO n. 57: si ha una cancellazione semplice quando mancano, nel ricordo di una persona, alcune informazioni che risultano del tutto cancellate.

Poi abbiamo la **mancanza di indice referenziale**; questa si ha quando, nella frase del tuo interlocutore, non è indicato il soggetto.

Ad esempio se dice: «Loro non mi ascoltano», il soggetto, che pure grammaticalmente si considera esistente, anche se sottinteso, non è determinato; quindi devi andare a specificare l'informazione che manca con la domanda: «Loro chi, esattamente? Chi specificatamente?» In questo caso è stato cancellato il vero soggetto, l'attore della frase, la persona cui il verbo si riferisce.

SEGRETO n. 58: si ha mancanza di indice referenziale quando, nella frase del tuo interlocutore, non è indicato il soggetto.

Altro caso di cancellazione è quello del **verbo non specifico**; in questo caso si tende a specificare il "come" del verbo. Per cui se qualcuno ti dice: «Io mi diverto molto», dovresti chiedergli: «Puoi dirmi come ti diverti? Puoi precisarmi in che modo ti diverti?»

SEGRETO n. 59: rientra nella categoria del verbo non specifico, il caso in cui il tuo interlocutore, nel parlarti di una sua esperienza, non specifica il "come" del verbo.

L'ultima domanda tipica è il **paragone**. Se qualcuno afferma: «Il Nokia è il cellulare migliore», tu gli chiederai: «Rispetto a che cosa? In che cosa? Rispetto a quale standard? A quale funzione?» Si tratta del caso in cui c'é un paragone rispetto a qualcosa, ma quel qualcosa non è stato specificato, è stato cancellato. L'esempio più classico, a questo proposito, riguarda il prezzo di un prodotto da te offerto. Di fronte a un'affermazione come: «Il corso costa troppo», oppure «Questo prodotto è troppo caro», puoi replicare: «Troppo rispetto a cosa?» Questa è la domanda che ti insegneranno a porre se deciderai di seguire un corso di vendita: «Rispetto a cosa?» Sì, perché se il tuo interlocutore cancella informazioni preziose e non ti fornisce un termine di paragone adeguato, non puoi rispondere.

SEGRETO n. 60: aiutandoti con la categoria del paragone, chiedi al tuo interlocutore di individuare un termine di

paragone per qualcosa che non è stato individuato o che è stato cancellato.

Quindi, ricapitolando, le domande tipiche della categoria di base "Cancellazioni" sono le seguenti:

a) cancellazione semplice: «Di chi? Di che cosa?»;

b) mancanza di indice referenziale: «Loro chi esattamente? Chi specificatamente?»;

c) verbo non specifico: «Ti stai divertendo? Come, in che modo ti stai divertendo?», oppure: «Ti stai annoiando? Come, in che modo ti stai annoiando?»;

d) paragone: «Rispetto a chi? Rispetto a che cosa? Rispetto a quale standard?».

Passiamo ora alle **generalizzazioni**. La prima generalizzazione è anche la più semplice da memorizzare, si tratta dei cosiddetti **quantificatori universali**, ossia parole che non dicono nulla di preciso, come "tutti", "nessuno", "mai", "niente", "ogni volta". Un'affermazione come: «Tutti gli uomini sono bastardi!», comprende tutti i casi possibili, generalizza. In questo caso devi cercare di smontare la frase utilizzando il quantificatore come domanda. Ad esempio, rispetto alla proposizione: «Tutti gli uomini sono bastardi», tu replicherai: «Sei sicura? Tutti, tutti?», in modo tale da trovare un controesempio che smonti la generalizzazione. Quasi certamente la persona ti risponderà: «Beh, in realtà no, non proprio tutti. Dico così perché sono stata delusa dal ragazzo con il quale stavo fino a due anni fa.» Tu sottolineerai: «Ah, ecco, ti stai riferendo solo a quella persona.» La risposta sarà: «Sì, solo a quella.»

A questo punto al 90 per cento il problema è risolto; con una sola domanda sei già riuscito ad arrivare all'esperienza. Nel caso dei quantificatori universali, utilizzerai domande come: «Tutti, tutti? Proprio tutti?», oppure: «Mai, mai? Ogni volta è così? Nessuno? Nessuno ha mai fatto questo?»

Tieni comunque sempre bene a mente che è importante utilizzare il MetaModello nel momento in cui sei in una situazione di feeling con l'altra persona, altrimenti rischi che lo senta come un interrogatorio e si chiuda a riccio, vanificando il tuo lavoro. Gli unici autorizzati a usarlo in ogni caso, quindi anche in situazioni in cui manca la sintonia, sono i poliziotti che fanno interrogatori, o gli avvocati, per i quali è l'arma perfetta. Se alla domanda: «Mai, mai?» la persona ti risponde: «Sì, mai», vuol dire che non sei in sintonia.

SEGRETO n. 61: le generalizzazioni sono affermazioni che comprendono tutti i casi possibili. In particolare, i quantificatori universali sono parole come "tutti", "nessuno", "mai", "niente" e "ogni volta".

Alcuni miei studenti mi hanno chiesto se dopo il "tutti, tutti?", o il "mai, mai?", si possa proporre una domanda che scavi più a fondo, come ad esempio: «Sei proprio sicuro che…?» Ebbene, sappi che per ottenere un esito positivo, devi aggiungere alla domanda un **controesempio** e, riprendendo la generalizzazione della ragazza tradita, proporre una versione di questo genere: «Non ti è mai capitato di incontrare un uomo che non sia bastardo? Non conosci nessun uomo, magari il fidanzato di una tua amica, che non sia bastardo?» In questo modo smonti il quantificatore ripetendolo in forma di domanda, in più cerchi un controesempio, che è un ottimo modo per scardinare una generalizzazione, e in particolare la generalizzazione data da un quantificatore universale.

SEGRETO n. 62: il controesempio ti permette di opporre all'affermazione del tuo interlocutore un esempio contrario in grado di smontarla.

Vi sono poi gli **operatori modali di possibilità**, che si costruiscono con l'utilizzo del verbo "potere". Ad esempio, se una persona ti dice: «Non posso proprio fare questa cosa!», la domanda giusta da farle è: «Cosa te lo impedisce?» Nota bene l'utilità di questo strumento che siamo poco abituati a usare, preferendogli, di norma, il terrificante "perché", che ha effetti assai dannosi, in quanto va ad approfondire una situazione già di per sé negativa.

Se domandi perché, il tuo interlocutore ti enumererà perlomeno una cinquantina di motivazioni per cui non può fare qualcosa. Alcune di queste saranno vere, alcune false, altre semplici scuse; si sentirà sempre peggio, si autoconvincerà di essere nel giusto e, per il principio di coerenza, si chiuderà ancor di più. Il "cosa", invece, «Cosa te lo impedisce?», focalizza la persona direttamente sulla soluzione, quindi sulle possibilità, sulle scelte che ha a disposizione per risolvere il suo problema. A questo punto o si renderà conto che non ci sono reali impedimenti, oppure ti dirà qual é il vero impedimento.

Nella gestione delle obiezioni, queste sono domande di specifica molto precise, e per ogni tipo di obiezione c'é la domanda giusta. Se qualcuno mi dice: «Non posso fare il corso», io rispondo con una domanda generica: «Cosa intendi?», ma è molto meglio se riesco ad essere più preciso e a chiedere: «Cosa ti impedisce di fare il corso?», risposta: «Ci devo pensare», cui segue la domanda: «Cosa ti impedisce di decidere adesso?» Ciò che devi fare, quindi, è spostare l'attenzione sulla soluzione. Se, al contrario, inserisci un perché e gli chiedi: «Perché non puoi decidere adesso?», fai scattare un meccanismo di autodifesa e di chiusura, tanto che replicherà: «Perché ne devo parlare con mia moglie/marito, ci devo pensare», e avrai perso il cliente.

SEGRETO n. 63: gli operatori modali di possibilità si costruiscono attraverso l'uso del verbo "potere" e consistono

nel chiedere al tuo interlocutore cosa gli impedisca di fare qualcosa che pensa di non poter proprio fare.

Piuttosto simili, sono gli **operatori modali di necessità**, introdotti da frasi come: «Io devo fare questa cosa, ho bisogno di fare questa cosa, ho necessità di fare questa cosa». In questo caso, la domanda giusta da porre è: «Cosa succederebbe se non la facessi?» Il **devo**, anche linguisticamente, si trasforma in alcune submodalità, in immagini di dovere che mettono in difficoltà, vengono percepite male, come sofferenza.

Anche in questo caso, l'operatore modale sposta l'attenzione della persona che dice "devo" sulla soluzione, per cui chiedile: «Cosa succederebbe se non lo facessi?», potrebbe risponderti: «Tutto sommato nulla», rendendosi conto che non ci sarebbero reali conseguenze. Altrimenti riuscirebbe a razionalizzarle e a esportele, così che, a quel punto, dovresti lavorarci su. L'importante è andare sempre più a specificare, fino ad arrivare alla reale esperienza. In ogni caso, ricorda che il presupposto per l'utilizzo di ogni tecnica è creare sintonia con l'altra persona, che va, quindi, prima di tutto ricalcata.

SEGRETO n. 64: gli operatori modali di necessità si costruiscono attraverso il verbo "dovere" e consistono nel chiedere al tuo interlocutore cosa potrebbe accadere se non facesse la cosa che sente assolutamente di dover fare.

Parliamo ora delle **presupposizioni**. Sono genericamente così definite quelle affermazioni che presuppongono, al loro interno, un'altra affermazione. Ad esempio, se ti chiedo: «Quanto tempo pensi di impiegare per memorizzare il MetaModello?», devi darmi una risposta stabilendo, più o meno precisamente, il periodo di tempo che pensi ti occorra per impararlo bene.

Ebbene, qualsiasi esso sia, va comunque bene, perché nel momento in cui mi hai risposto, hai accettato la presupposizione che lo imparerai. Ora nella tua mente c'è la certezza che lo imparerai e, in più, ti sei anche dato una scadenza temporale per farlo. Questa, nella vendita, è una tecnica diffusissima. Infatti, se qualcuno ti chiede: «Paga in contanti o con un assegno?», dà già per scontato che acquisterai il prodotto e, in fondo, poco importa come intendi pagare, l'importante è che tu lo faccia. L'attenzione è spostata ad arte sul modo di pagamento, ma questo già presuppone l'accettazione, da parte tua, dell'acquisto.

Se ti avessi chiesto: «Pensi di riuscire a memorizzare il MetaModello?», avresti potuto rispondermi sì come no. Invece chiedendoti: «Quanto tempo pensi di impiegare per imparare?», do per scontato che lo imparerai. Per smontare una presupposizione, invece, si può fare una domanda di questo tipo: «Cosa ti porta a credere che pagherò? Cosa ti porta a credere che lo imparerò?», in questo modo rifiuti la presupposizione, mentre rispondendo l'hai già accettata. Tuttavia, per smontare la presupposizione, prima di tutto ti devi rendere conto se c'è, e non è affatto semplice; per questo la presupposizione è una delle tecniche più usate nella vendita.

La presupposizione può anche essere un modo molto elegante di chiudere un contratto. Infatti, a fine trattativa, la maggior parte dei venditori si irrigidisce e ha paura, perché non sa come condurla a buon fine. A questo proposito, durante i miei corsi di vendita, dico che la cosa migliore da fare è presupporre che il cliente abbia già detto di sì. Quindi cercare di acquisire informazioni che vanno oltre il dato dell'acquisto, con una domanda come: «Quanti prodotti intende ordinare?»

SEGRETO n. 65: la presupposizione è un messaggio nascosto all'interno di un'affermazione.

Quindi, ricapitolando, le domande tipiche della categoria delle "Generalizzazioni" sono le seguenti:

a) *quantificatori universali*: espressioni come "tutti, nessuno, ogni volta, sempre, mai" e così via. La domanda corretta è «Proprio tutti? Sempre, sempre? Mai, mai?»; e se possibile troviamo un controesempio che possa smontarle: «Non hai mai conosciuto una persona che fosse diversa?»;

b) *operatori modali di possibilità*: se pensiamo: «Io non posso raggiungere questo obiettivo», proviamo a chiederci: «Cosa me lo impedisce?» E domandiamo la stessa cosa tutte le volte che sentiamo le espressioni "non posso, non riesco, non sono in grado";

c) *operatori modali di necessità*: se ci dicono: «Io non voglio fare questo», domandiamo: «Cosa succederebbe se tu lo facessi?»; e facciamo lo stesso di fronte ai "non voglio, devo, dovrei";

d) *presupposizione*: se ci dicono: «Vuoi pagare in assegno o in contanti?» si sta presupponendo che noi abbiamo già deciso di comprare; e invece domandiamo: «Cosa ti porta a credere che io voglia pagare? Chi ti dice che io voglia comprare?»

Parliamo ora delle **distorsioni**. Se qualcuno, rivolgendosi a te, afferma: «So di esserti simpatico», in realtà sta distorcendo, perché non può saperlo, non è nella tua testa! Quindi, rammenta, quando una persona ti dice: «So che comprerai, so di esserti simpatico/antipatico», fa una **lettura del pensiero**, ti fa pensare di averlo indovinato. In questo caso, la domanda giusta per smontare la distorsione che ha impostato è: «Come puoi saperlo?»

Richard Bandler ha esposto i suoi studi sul MetaModello nella sua tesi di laurea, un testo assai complicato, pubblicato con il titolo *La struttura della magia*. Quando lo presentò, ai fini della discussione di laurea in psicologia, gli venne rifiutato, perché considerato troppo astruso, anche perché, forse, il titolo faceva pensare a pratiche esoteriche. Sta di fatto che Bandler ne ha fatto un testo di successo ed è poi andato a insegnare le sue tecniche agli psicologi con i quali si sarebbe dovuto laureare.

SEGRETO n. 66: attuando una distorsione, fingi di intendere con certezza ciò che ha in mente il tuo interlocutore, mentre in realtà non puoi saperlo.

Metti in atto la strategia della **causa-effetto** quando affermi che una certa cosa ne implica un'altra. Ad esempio, se un formatore dice: «Il mio corso ti farà crescere tantissimo», imposta una causa-effetto, perché il corso è "la causa" che produrrà "l'effetto" di farti crescere. La domanda giusta da porre a seguito di questa affermazione, per poterla scardinare, è: «In che modo la prima cosa implica la seconda?», quindi: «In che modo il corso mi porterà a crescere?» Smonti questo legame, che non è necessario, non è per forza vero.

Se ci fai caso, per ogni prodotto in vendita vi è una pubblicità con un rapporto causa-effetto: «Se acquisti questo prodotto, otterrai questo beneficio». Per smontarlo, potresti chiedere: «È sempre così? È certo che, in ogni caso, apporta questo beneficio?» o, tornando all'esempio del corso: «Tutte le persone che hanno partecipato ai tuoi corsi sono cresciute e si sono trovate soddisfatte?» Volta per volta, devi andare alla ricerca di controesempi: «Vale per tutti i partecipanti? Non c'é mai nessuno che è rimasto insoddisfatto?» È chiaro che posso rispondere affermativamente per i miei corsi, non per i corsi di formazione in generale!

SEGRETO n. 67: realizzi la strategia di causa-effetto, quando affermi che un certo dato ne implica necessariamente un altro.

L'**equivalenza complessa** è molto simile alla causa-effetto, solo che, oltre ad esserci una causa e un effetto, in più vi è un'uguaglianza, come dire che x è uguale a y. Ad esempio, lo slogan «Galbani vuol dire fiducia» è un'equivalenza complessa. In questa frase, infatti, una cosa è uguale a un'altra cosa, questo vuol dire quest'altro. La frase giusta per smontare un'equivalenza complessa è: «In che modo?» Quindi, ti chiederai: «In che modo Galbani vuol dire fiducia? In che modo questo vuol dire quest'altro? È sempre così?» I più classici slogan pubblicitari partono dai principi del Milton Model, e noi cercheremo di imparare, attraverso l'uso delle domande del MetaModello, a precisare talmente la situazione da rendere impossibile il passaggio di messaggi nascosti.

Tempo fa, a un gruppo di miei studenti, spiegavo come smontare la seguente causa-effetto: «Se una persona studia, se si impegna, ottiene comunque dei risultati», attraverso la seguente obiezione: «In che modo impegnandosi si ottengono risultati? È sempre così?» Uno di loro alzò la mano e disse: «Se ci si impegna è normale che si ottengano risultati!»

Gli chiesi di raggiungermi e iniziai ad applicare il MetaModello su di lui. Obiettai: «É sempre così secondo te?», e lui: «Sì.» Risposi dicendo: «Ti è mai capitato di impegnarti e, nonostante questo, di non riuscire a raggiungere il risultato desiderato?» Risposta: «Beh, sì, tutto sommato sì. Una volta mi sono impegnato e non ho raggiunto il risultato.» Ho continuato a fargli qualche altra domanda, tanto per aggiungere controesempi: «Hai presente quei ragazzi che, pur studiando tanto, vanno comunque malino a scuola? Non raggiungono comunque i voti di altri?» E lui: «Sì, io ero così da piccolo.» Dissi: «Ah, ecco, ho capito.» Si trattava di una convinzione talmente radicata, che riuscii a smontarla solo riconducendolo all'esperienza di base.

SEGRETO n. 68: l'equivalenza complessa è molto simile alla causa-effetto, ma ha in sé anche un'uguaglianza.

Le **nominalizzazioni** sono tutte quelle parole astratte che provengono da un verbo, come ad esempio, "amore". Se qualcuno mi chiedesse: «Che cos'é l'amore?», io non potrei che rispondere che non so cosa sia l'amore in senso generale, so cos'è l'amore per me, ne ho un'idea precisa riferita al mio vissuto. Ognuno di noi ha un concetto d'amore diverso, perché è una parola astratta che vuol dire tutto e non vuol dire nulla, è legata a esperienze personali. Certo che, detto così, il termine "amore" è quanto di più indeterminato possa esistere. È, appunto, una nominalizzazione, ossia un termine generico che Bandler definisce, utilizzando una metafora, come «tutto ciò che non può essere messo in una carriola». Lavorare con le nominalizzazioni è spesso complesso.

Alcuni miei studenti, nel farmi domande, utilizzano molte nominalizzazioni; in quel caso li invito, prima di tutto, a chiarire a loro stessi cosa intendono chiedermi, domandando: «Cosa intendete?» Ad esempio, tempo fa mi è stato posto il seguente quesito: «Ma la persuasione è manipolazione e coercizione?» Come vedi, si trattava di una domanda con molte nominalizzazioni, quindi ho risposto: «Non so cosa intendiate, ditemelo voi! È inutile che lo chiediate a me, io ho un'idea, voi ne avrete certo un'altra.»

SEGRETO n. 69: attraverso la strategia della nominalizzazione, puoi trasformare un verbo in una parola astratta.

Arriviamo infine al **giudizio**, altro aspetto molto interessante. Quando incontri qualcuno che ti dà un giudizio o ti fa una critica, magari sull'identità, dicendoti: «Tu sei un incapace!», ti dà l'impressione che sia una verità assoluta, e quindi stai male, perché credi che tutto il mondo pensi questo di te. La domanda da porre per smontare un giudizio di questo tipo è: «Chi lo dice?», nel 99,9 per cento dei casi la persona ti risponderà: «Io!», quindi si tratta di un suo giudizio, e la tua risposta potrà benissimo essere: «Bene, è solo la tua opinione…».

Questo approccio ti rende consapevole del fatto che il giudizio espresso nei tuoi confronti non è universale, quindi non è assolutamente vero che tutti pensano che tu sia incapace, lo pensa una sola persona. Si tratta di un parere che, come tale, puoi smontare con facilità, lasciandolo a chi lo esprime.

Quindi, ricapitolando, le domande tipiche della categoria delle "Distorsioni" sono le seguenti:

a) *lettura del pensiero*: quando qualcuno ci dice: «So cosa stai pensando», noi possiamo rispondergli: «Come lo sai? Come fai a saperlo? Chi te lo dice?»; e così tutte le volte che sentiamo frasi del tipo: «So cosa vuoi, ti vedo nervoso, so che questa idea non ti piacerà.»;

b) *causa/effetto*: se qualcuno ci dice: «Se esci con me, puoi divertirti da impazzire», rispondiamo: «In che modo uscire con te implica divertirsi?» La struttura di base è "x implica y", quindi la nostra domanda deve essere «in che modo x implica y?»;

c) *equivalenza complessa*: simile alla precedente, solo che la struttura diventa: "x uguale y". Ad esempio, nel caso dell'affermazione: «Stare con me significa essere felici», la domanda corretta da porre è: «In che modo stare con te equivale ad essere felici?»;

d) *giudizio*: se una persona ci dice: «Tu sei un incapace», noi semplicemente chiediamogli: «E chi lo dice?» Lui ci risponderà: «Io!», il che ci basta per renderlo consapevole che il suo è un semplice giudizio personale e non una verità assoluta;

e) *nominalizzazione*: termini come amore, libertà, depressione sono dei nomi astratti che provengono dai rispettivi verbi; dobbiamo riportare questi nomi al verbo di origine. Ad esempio, se qualcuno ci dice: «Ho la depressione», la domanda giusta è: «In che modo ti senti depresso? Come fai a sapere che sei depresso?» La depressione sembra qualcosa che abbiamo addosso e di cui non ci possiamo liberare, il relativo verbo invece è un qualcosa di dinamico e in movimento sul quale possiamo agire.

Secondo me, il MetaModello è lo strumento linguistico più potente che ci sia; va imparato bene non tanto nella nomenclatura, quanto nell'acquisizione della sensibilità necessaria per fare la domanda giusta. Le persone esprimono convinzioni e giudizi su loro stesse, sul mondo, sugli altri, che dovrà essere per te un piacere smontare delicatamente e riportare all'esperienza di base.

L'idea, per essere il più delicato possibile, è, intanto, quella di entrare in sintonia con la persona, in rapport con lei. Questo si ottiene con frasi "ammorbidenti" come: «*posso chiederti se*» o «*mi domandavo se*», che sono sempre utili. È un'ottima strategia anche nella vendita: la persona sta fornendo dei dati, magari è interessata a un corso; sarebbe interessante sapere cosa fa, qual è il suo lavoro, il suo obiettivo. Come si fa? Lo si chiede direttamente? No, sarebbe controproducente. Se invece imposti la domanda facendola precedere da un "posso", ad esempio: «Posso chiederle che lavoro fa?», la persona sarà molto disponibile con te, dirà: «Sì, certo, mi occupo di...», a quel punto, in base alla sua occupazione, potrai consigliarle un corso piuttosto che un altro.

SEGRETO n. 70: nell'approccio con il tuo interlocutore è importante che tu applichi il MetaModello con frasi ammorbidenti, che sono sempre utili e invogliano la persona ad aprirsi con te.

Nei corsi di vendita viene spiegata l'importanza delle domande. Si dice che "chi domanda comanda", perché chi domanda ha la possibilità di spostare l'attenzione sull'aspetto o gli aspetti di suo maggiore interesse. Per cui i venditori che sanno porre le giuste domande sono senz'altro buoni venditori. Stessa cosa non può dirsi di coloro che, nella vendita, spiegano tutto ma non chiedono nulla. Ancora meglio è applicare, anche in questo campo, i principi della PNL. Per me non esiste vendita senza PNL, che ti aiuta a usare le domande giuste, altrimenti rischi di bruciartela. Intendo la vendita non solo di un prodotto, ma anche di un'idea, di te stesso nella seduzione e qualsiasi altra forma di relazione e persuasione.

Tuttavia, ricorda anche che i perché vanno dosati, non aboliti. Sono vietati in contesti negativi, ma consigliati in situazioni positive. Il perché, come sai, approfondisce un problema o, meglio, le motivazioni che lo fondano. Se un dato aspetto per una persona è problematico e tu gli chiedi perché, non farai che deprimerlo ancora di più, ma se parlate di qualcosa di bello e gratificante, il perché va ad approfondire la situazione piacevole.

SEGRETO n. 71: fare domande è importantissimo, perché ti mette in grado di spostare il discorso verso gli ambiti di tuo maggiore interesse. Infatti si dice che "chi domanda, comanda".

Con la pratica ti renderai conto di quanto il MetaModello sia facile da utilizzare e imparerai anche a impiegarlo al meglio. Sono importanti principalmente due aspetti: essere in sintonia con la persona ed essere precisi nel porre le giuste domande. La cosa fondamentale, comunque, non è memorizzare perfettamente tutte le domande del MetaModello, ma acquisire il giusto **atteggiamento mentale** nell'utilizzarle. Puoi servirtene per comprendere quali filtri si nascondono dietro un linguaggio: cancellazioni, generalizzazioni e distorsioni che riportano a un'esperienza.

Quando sarai arrivato all'esperienza fondante, avrai basi più concrete per decidere se, ad esempio, una data convinzione è vera e, in quest'ultimo caso, se vale o meno la pena di smontarla. Più in generale, approfondire lo studio del tuo interlocutore ti permetterà di arrivare alla comprensione della sua mappa interiore e alla sua visione della vita; ciò ti consentirà di persuaderlo con maggiore facilità della bontà del tuo punto di vista.

RIEPILOGO DEL GIORNO 6:

- SEGRETO n. 53: le due principali tecniche linguistiche della PNL, il MetaModello e il Milton Model, sono l'una il contrario dell'altra. Se con il MetaModello ricerchi la precisione, con il Milton Model resti sul vago.

- SEGRETO n. 54: grazie al protocollo di domande proprie del MetaModello, puoi riuscire a scavare fino a raggiungere l'esperienza che è alla base della comunicazione della persona che hai di fronte.

- SEGRETO n. 55: la PNL ha studiato in particolare tre filtri mentali che portano a usare un linguaggio generico e impreciso: generalizzazioni, cancellazioni e distorsioni.

- SEGRETO n. 56: per il principio della profezia autoavverantesi, una persona convinta di una certa idea continuerà a comportarsi in modo tale da confermarla.

- SEGRETO n. 57: si ha una cancellazione semplice quando mancano, nel ricordo di una persona, alcune informazioni che risultano del tutto cancellate.

- SEGRETO n. 58: si ha mancanza di indice referenziale quando, nella frase del tuo interlocutore, non è indicato il soggetto.

- SEGRETO n. 59: rientra nella categoria del verbo non specifico, il caso in cui il tuo interlocutore, nel parlarti di una sua esperienza, non specifica il "come" del verbo.

- SEGRETO n. 60: aiutandoti con la categoria del paragone, chiedi al tuo interlocutore di individuare un termine di paragone per qualcosa che non è stato individuato o che è stato cancellato.

- SEGRETO n. 61: le generalizzazioni sono affermazioni che comprendono tutti i casi possibili. In particolare, i quantificatori universali sono parole come "tutti", "nessuno", "mai", "niente" e "ogni volta".

- SEGRETO n. 62: il controesempio ti permette di opporre all'affermazione del tuo interlocutore un esempio contrario in grado di smontarla.

- SEGRETO n. 63: gli operatori modali di possibilità si costruiscono attraverso l'uso del verbo "potere" e consistono nel chiedere al tuo interlocutore cosa gli impedisca di fare qualcosa che pensa di non poter proprio fare.

- SEGRETO n. 64: gli operatori modali di necessità si costruiscono attraverso il verbo "dovere" e consistono nel chiedere al tuo interlocutore cosa potrebbe accadere se non facesse la cosa che sente assolutamente di dover fare.

- SEGRETO n. 65: la presupposizione è un messaggio nascosto all'interno di un'affermazione.

- SEGRETO n. 66: attuando una distorsione, fingi di intendere con certezza ciò che ha in mente il tuo interlocutore, mentre in realtà non puoi saperlo.

- SEGRETO n. 67: realizzi la strategia di causa-effetto, quando affermi che un certo dato ne implica necessariamente un altro.

- SEGRETO n. 68: l'equivalenza complessa è molto simile alla causa-effetto, ma ha in sé anche un'uguaglianza.

- SEGRETO n. 69: attraverso la strategia della nominalizzazione, puoi trasformare un verbo in una parola astratta.

- SEGRETO n. 70: nell'approccio con il tuo interlocutore è importante che tu applichi il MetaModello con frasi ammorbidenti, che sono sempre utili e invogliano la persona ad aprirsi con te.

- SEGRETO n. 71: fare domande è importantissimo, perché ti mette in grado di spostare il discorso verso gli ambiti di tuo maggiore interesse. Infatti si dice che "chi domanda, comanda".

GIORNO 7:
Persuadere con il Metodo B.R.U.N.O.

Nel capitolo precedente ti ho parlato del Milton Model, dicendoti che è esattamente l'inverso del MetaModello. Cioè, nel Milton Model utilizzi le stesse categorie che ti servono per smontare convinzioni, ma laddove il MetaModello smonta per andare sulla precisione, il Milton Model trasferisce comandi nascosti, suggestioni, presupposizioni e così via. Entrambi ti aiutano ad arrivare a comprendere la mappa interiore della persona che vuoi persuadere e con la quale ti stai relazionando.

Milton Erickson, per mandare in trance le persone semplicemente parlando, diceva: «... e mentre mi ascolti, non so se ti rendi conto di quanto sei rilassato. Ora che sei seduto su questa sedia, ti puoi sentire davvero più rilassato...», e così via, con un uso indiretto delle suggestioni, abilmente nascoste nelle frasi. In questa frase potrai facilmente riconoscere una "causa-effetto": «Ora che sei seduto su questa sedia, ti puoi sentire più rilassato...». A pensarci bene, non c'è un legame sempre vero tra le due cose: non è detto che sedendosi su una sedia ci si senta rilassati! Ma se leghi i due dati in una causa-effetto, fornisci una suggestione inconscia che magicamente funziona: la persona che è seduta si sente immediatamente rilassata.

In fondo il rilassamento è una nominalizzazione, è un concetto molto vago, non vuol dire nulla di specifico in quel momento per te, ma vuol dire molto per la persona che hai di fronte. Fa sì che si immedesimi in qualcosa che le appartiene, che è propria delle sue esperienze e che fa parte della sua mappa interiore. Come sai, se parli dell'amore, ognuno ne avrà una propria idea, per cui, per comprendere la parola "amore", dovrà accedere alle sue esperienze riguardanti l'amore, allo stato d'animo dell'innamoramento.

Questo può essere utile nella seduzione. Nel mio libro, per esempio, utilizzo la metafora del juke-box per spiegare il concetto secondo il quale una parola può trasformarsi in una serie di emozioni e di stati d'animo. «Immagina di avere nella mente un juke-box nel quale, al posto dei dischi, siano conservate tutte le tue esperienze e i tuoi stati d'animo. Quindi, ad esempio, la volta in cui ti sei innamorato o eri triste, in cui ti sei sentito soddisfatto o, al contrario, deluso di un regalo e così via. Nel momento in cui userai la parola giusta, sarà come inserire una monetina e spingere il tasto appropriato per richiamare quella data esperienza: il tuo cervello andrà a pescare il disco legato all'avvenimento, al sentimento che vuoi richiamare e lo farà girare». Il bello di questa applicazione è che puoi usarla sia per convincere gli altri delle tue idee o della bontà di un tuo prodotto, sia per difenderti dalle centinaia di suggestioni che ti arrivano tutti i giorni, non solo dai media, che lo fanno consapevolmente, ma anche da coloro che ti circondano, che spesso lo fanno inconsciamente.

SEGRETO n. 72: il Milton Model utilizza le stesse categorie proprie del MetaModello per smontare suggestioni e, nel frattempo, ti permette di creare persuasioni, suggestioni e dare suggerimenti.

Ricordo che un'amica di mia moglie, nell'incontrarmi per la prima volta, mi chiese: «Mi parli di questa PNL? Ho sentito dire che si tratta di manipolazione», io, invece di gestire bene l'obiezione, come avrei potuto fare, le risposi: «Sì, è vero, è manipolazione...», sai, a volte mi piace interrompere lo schema! Poi aggiunsi: «...così come si tratta di manipolazione tutte le volte in cui fai notare alla tua amica qualcosa che, secondo te, non va in lei, facendole una critica sull'identità e tentando, magari, di modificare un po' il suo comportamento. Se dici: 'Sei una ragazza triste da sempre', la stai inducendo a continuare ad esserlo, la stai manipolando per continuare ad esserlo, e pensa che tutto questo lo fai senza neanche accorgertene, inconsapevolmente.»

Questo capita in qualsiasi rapporto interpersonale, non solo tra amiche, ma anche tra medico e paziente, tra mamma e figlio, o tra due persone qualsiasi che comunicano. Comunicando, trasferiamo un mare di suggestioni, che lo vogliamo o no; perciò è meglio esserne consapevoli, meglio scegliere di darle o non darle e, nel primo caso, di dare quelle giuste, affinché la persona con la quale ci relazioniamo si senta poi meglio.

A questo proposito Bandler dice: «Quando incontri una persona, lasciala in uno stato migliore rispetto a quello in cui l'hai trovata». Quindi cerca di aiutare gli altri usando tutte le suggestioni, tutte le tecniche che conosci, almeno farai del bene, e tutto il bene che farai ti tornerà indietro.

Come ti dicevo, il Milton Model comprende le stesse categorie che abbiamo visto nel MetaModello, più altre strutture linguistiche, come la **domanda nascosta**. Si ha la domanda nascosta in una frase di questo tipo: «Non so se ti sei mai innamorata.» Sembra un'affermazione e invece è una domanda! In questo caso, invece di chiedere esplicitamente: «Sei innamorata?», quesito che potrebbe apparire alquanto invasivo, proponi una richiesta indiretta, quindi nascosta. È un modo per trasmettere una suggestione, dunque fare e dire qualcosa senza invadere il territorio dell'altro. Questo è il modello di ipnosi che utilizzava Milton Erickson, che, infatti, è il padre dell'ipnosi indiretta.

SEGRETO n. 73: la strategia della domanda nascosta consiste nel proporre una domanda in forma di affermazione, allo scopo di far apparire meno invasiva una richiesta che altrimenti sarebbe troppo diretta.

Personalmente, ritengo che il problema del Milton Model sia l'eccessivo fardello di tecniche da imparare che propone. Già il MetaModello è piuttosto macchinoso da memorizzare, se poi si aggiungono altri dati con il Milton Model, tutto diventa davvero troppo complicato. Si ottiene una massa di informazioni difficili da gestire, perché non si capisce bene quando usare una tecnica piuttosto che un'altra. Per questo motivo ho cercato di semplificare il Milton Model, costruendo una struttura che fosse semplice da memorizzare e che ne contenesse, però, tutte le tecniche. L'ho denominata "Metodo B.R.U.N.O.", è un acronimo, per cui ogni lettera corrisponde a una fase.

La prima fase, che è identificata dalla lettera **B**, non contiene modelli linguistici; è quella definita **buonumore**. Con il termine "buonumore" mi riferisco alla gestione del tuo stato d'animo, perché per comunicare efficacemente non ti basta usare la giusta tecnica, il modello linguistico più confacente. È fondamentale che tu sia in stato positivo nel momento in cui ti relazioni con l'altra persona, convinto di ciò che stai facendo, realmente interessato o, meglio ancora, curioso di sapere ciò che ha da dire il tuo interlocutore. Questo, infatti, è l'unico modo per adeguarti alla sua mappa interiore e creare sintonia tra voi. Ricorda sempre che se non c'é sintonia non puoi usare il MetaModello e con maggiore difficoltà userai il Milton Model. Questo accade perché se tenti di trasferire le tue sensazioni a qualcuno che non ti sta ascoltando o è distante da te, ottieni ben poco, perché il suo inconscio è chiuso. Quindi, per un soddisfacente utilizzo degli strumenti linguistici, è fondamentale entrare in uno stato di sintonia con l'altra persona.

SEGRETO n. 74: la prima fase del Metodo B.R.U.N.O. è identificata dalla B come buonumore, il che significa che devi porti in uno stato positivo di relazione con la persona con la quale stai comunicando, per entrare più facilmente in sintonia con lei.

Poi abbiamo la **R**, come **rievocazione**: per utilizzare i modelli linguistici, devi innanzitutto rievocare uno stato d'animo positivo nel tuo interlocutore. Se vuoi far innamorare di te una persona, i modelli linguistici certo non bastano, non c'è la formula magica per sedurre, ma servono a preparare il terreno, in modo che i semi che pianterai crescano bene. Devi fare in modo che la persona che ti interessa associ a te stati d'animo positivi, al fatto di essere uscita con te o, nel caso di una vendita, di aver acquistato da te un buon prodotto.

SEGRETO n. 75: la seconda fase del Metodo B.R.U.N.O. è identificata dalla R come rievocazione. Vale a dire che per utilizzare i modelli linguistici al fine di una comunicazione efficace, devi innanzitutto rievocare uno stato d'animo positivo.

Vi sono vari strumenti linguistici adatti a rievocare stati d'animo, ad esempio le cosiddette **domande rievocative**. Se ti chiedo: «Ti è mai capitato di leggere un libro sulla comunicazione ed essere realmente soddisfatto?», se ti avessi di fronte, intuirei la risposta semplicemente dall'espressione del tuo viso. Non c'é bisogno che tu replichi con un sì o un no, perché la risposta l'avresti già espressa; il cervello risponde istantaneamente. A me basta vedere il movimento degli occhi che accede a delle esperienze o un'espressione del viso, per capire che il cervello sta già processando un certo tipo di informazione; quindi sta accedendo al settore del juke-box in cui si trovano le esperienze di soddisfazione e insoddisfazione e sta facendo la sua scelta.

Perché mi interessa farti una domanda del genere? Per rievocare uno stato d'animo che potrai poi associare a me come buon autore. Dal vivo lo posso fare anche con la gestualità; se parlo di "buon trainer", porto le mani verso di me, se parlo di "un corso di formazione che ti ha soddisfatto", oriento le mani verso di te. Domande evocative, quindi, forme linguistiche usate abitualmente da chi sa comunicare bene per far immedesimare meglio in una data situazione. Se esamini le brochure in un'agenzia, troverai forme linguistiche come: «Sei mai stato in questo luogo bellissimo?», ebbene: ti fanno sognare un viaggio straordinario!

Oltre alle domande rievocative, fanno parte della fase R come rievocazione, anche le **domande di approfondimento**. Si tratta, in ambedue i casi, di strumenti che permettono di rievocare stati d'animo. I due tipi non hanno un ordine gerarchico di uso, solo ricorda che le domande di approfondimento vanno utilizzate nel momento in cui c'è già stata una risposta positiva, per approfondire ulteriormente. Ad esempio, se hai appurato che una persona è innamorata, poi puoi chiederle: «Che sensazioni provi nell'essere innamorato?»

Milton Erickson parlava in continuazione con i suoi assistiti e raccontava molte storie, nelle quali le persone si immedesimavano rivivendo stati d'animo. Ad esempio, come ti senti quando guardi un bel film? Bene, immagino; ti emozioni, ti immedesimi nella storia, nelle vite dei personaggi. La stessa cosa accade quando leggi un romanzo. Perché? Non è altro che linguaggio, ma funziona molto bene, tanto più se è coinvolgente, se trascina i sensi e scatena le giuste risposte emotive nel tuo interlocutore.

SEGRETO n. 76: puoi evocare stati d'animo positivi aiutandoti con le domande rievocative e di approfondimento.

Ancora, nella rievocazione abbiamo i cosiddetti **comandi nascosti**, che consistono nel ripetere più volte un dato già acquisito. Nell'esempio che facevo poco fa circa le domande di approfondimento, davo per scontato che la persona fosse innamorata; con il comando nascosto, continuo a ripeterle più e più volte quel dato, ossia "sei innamorato". Magari la indico con il gesto delle mani; diventa quasi un imperativo, anche se indiretto.

Vi sono vari tipi di comandi nascosti, Bandler ne usa uno in particolare, la particella temporale "**ora**", che pone all'interno di ogni sua frase: «Non so se vi è mai capitato di essere *soddisfatti, ora,* quello che è importante in un corso di formazione è che...». Lui ripete costantemente **now**, "ora" in inglese, lo fa perché tu lo possa associare a un qualcosa di positivo. Nella prima parte della frase, ad esempio, si parla di soddisfazione e tramite la particella "ora" Bandler la lega alla seconda parte, quindi portando il suo interlocutore ad associare il termine "ora" al concetto di soddisfazione.

Parliamo ora delle **citazioni**. Io stesso, nell'insegnare, faccio molte citazioni. Ad esempio, ogni volta che mi riferisco a qualcosa che ha detto o fatto Bandler, sto facendo una citazione. Qualcuno potrebbe darti un comando mascherandolo con qualcosa che ha detto Tizio o Caio, nascondendosi dietro di lui:

«Non l'ho detto io, ma lui». Per cui, se ti dicono: «Sai, Tizio una volta mi ha detto una cosa: 'Innamorati della persona che hai di fronte'...».

A me capita di ricevere questo tipo di suggestioni, me ne accorgo e mi danno una sensazione di fastidio. Succede quando, ad esempio, una persona mi sta raccontando un suo litigio: «A un certo punto l'ho preso, l'ho guardato in faccia e...», e intanto già che c'è mi afferra: «...e l'ho mandato a quel paese!» E magari, nella foga del racconto, richiama esattamente la parola che ha utilizzato guardandomi intensamente negli occhi. Anche se so che non ce l'ha con me, mi sento esattamente come se fosse così.

La stessa cosa accade quando si usano **domande** evocative. Se, ad esempio, qualcuno mi descrive un proprio malessere spiegandone i sintomi fin nel dettaglio: «Sai ho un terribile mal di testa... uno di quelli che partono dalla nuca e poi si diffondono...», mi pare di provarlo e di star male! Vi sono moltissime suggestioni involontarie che ci colpiscono ogni giorno, la cosa che mi interessa è che tu le sappia riconoscere e te ne sappia difendere nel modo più adeguato.

Un altro comando nascosto assai famoso è il **comando negativo**, che si realizza inserendo in una frase il "non". Come forse saprai, il "non" non viene percepito dal cervello, cioè non ha un'immagine di riferimento. Se ti dico: «Non pensare a un elefante azzurro a pois rossi», ti creerai immediatamente l'immagine mentale di un elefante azzurro a pois rossi, che tu lo voglia o no. Ecco perché in PNL, quando si formulano degli obiettivi, si consiglia di formularli in positivo, cioè dire: «Voglio essere questo», e non: «Non voglio essere quest'altro», perché il "non" ti porta a concentrarti su quello che **non vuoi essere** invece che su quello che **vorresti essere**.

Quindi puoi dire a una persona: «Non c'é bisogno che compri adesso il biglietto per il concerto»; sembra una negazione, in realtà gli hai messo in testa l'idea che dovrebbe comprarlo adesso. Puoi dare dei comandi dicendo il contrario, poiché quello che viene percepito è comunque l'idea di "fare" e non di "non fare" qualcosa. Una volta un mio amico è andato dal medico perché aveva un doloretto all'altezza della schiena. Ha scoperto poi di avere un'ernia, niente di grave; però il medico lo ha fortemente impressionato, perché l'ha presentata in questi termini: «L'ernia è qualcosa di incurabile». Vi era, nella frase, l'associazione con il termine "incurabile", che normalmente è riferito a malattie ben più gravi e che lo ha impressionato terribilmente! Sarebbe bastato che il medico avesse detto "non curabile", espressione assai più rassicurante, e a lui sarebbe rimasto in mente il termine "curabile", che perlomeno non avrebbe provocato stress e ansia, anche se, ovviamente, uno razionalizza che "incurabile" e "non curabile" hanno un identico significato.

SEGRETO n. 77: i comandi nascosti, le citazioni e i comandi negativi hanno sempre una valenza evocativa.

Arriviamo ora alla fase **U**, come **universalità**. In questo caso, l'idea è di utilizzare un linguaggio vago e universale, per cui, nell'accedere alle esperienze della persona, il tuo linguaggio dovrà essere più vago possibile. Come ti accennavo a proposito delle nominalizzazioni, parlando, ad esempio, di "amore", ognuno penserà alla propria esperienza. Quindi se tu sei vago, ognuno si sentirà compreso, perché accederà alle proprie esperienze senza che tu le conosca nel dettaglio. Hai presente gli oroscopi? Non sbagliano quasi mai. Perché? Perché restano nel vago, così come i maghi e i cartomanti. Ad esempio, se dici: «Ho subito una perdita», oltre ad essere una nominalizzazione, è anche una frase che può voler dire tutto e niente. Una perdita di che cosa? Di un libro, di un cellulare? Di una persona o un fidanzato? Chi di noi non ha subito una perdita di qualsiasi genere? Se usi un linguaggio universale e vago, ciò che dici è sempre vero.

SEGRETO n. 78: la fase U, come universalità, indica l'opportunità di utilizzare, per accedere con facilità alle esperienze del tuo interlocutore, un linguaggio più vago possibile.

Milton Erickson usava una struttura linguistica denominata **truismo**, dal termine *true*, che in inglese vuol dire "vero". I truismi sono frasi costruite tramite la struttura "mentre... e... e...", che contengono elementi sempre e comunque veri mescolati a suggestioni. Ad esempio: «**mentre** stai leggendo la guida **e** intanto studi il Milton Model, pensi, **e** nel frattempo ti stai rendendo conto di quanto tutto questo possa essere utile». Nella struttura del turismo, inserisci alcuni dati "indiscutibilmente veri", come, ad esempio, «stai leggendo la guida» e «stai studiando il Milton Model», che portano l'inconscio a dire: «È vero, è così.» A questo punto aggiungi una suggestione «… e, mentre lo fai, ti stai rendendo conto di quanto tutto questo possa essere utile», e il cervello del tuo interlocutore, abituato a dire di sì, riterrà vera anche la suggestione. Il fatto che la suggestione sia preceduta da frasi indiscutibilmente vere, rende vera anche quella contenente la suggestione.

SEGRETO n. 79: il truismo è una struttura linguistica che contiene alcuni elementi sicuramente veri e alcune suggestioni. Il condizionamento dei primi sarà talmente forte nel soggetto cui è indirizzato, da far sì che recepisca come veri anche gli elementi che potrebbero non esserlo.

Questa struttura è molto utile e viene usata anche nella vendita, seppur con un nome diverso, ossia **campo affermativo**. Creare un campo affermativo significa far dire di sì al cliente più volte in modo che si abitui a farlo.

Ad esempio, poniamo che tu sia un negoziante o un venditore di automobili, arriva una persona che vuole informazioni su un modello di macchina e tu cominci a circuirla in questo modo: «Le interessa questa macchina?», ovvio, ti ha chiesto informazioni su quel preciso modello, quindi ti dirà di sì. Poi continui: «Lei ha dei figli?», sperando che li abbia: «Ci tiene ai suoi figli?» È chiaro che dirà: «Certo!» Ancora: «Ed è interessato al rispetto dell'ambiente, dell'ecologia?» Risponderà: «Sì, sì, certo!» Conclusione: «Bene, questa macchina è perfetta per lei, perché è spaziosa per i figli, è sicura per via degli air-bag, quindi proteggerà la sua famiglia, e in più non inquina l'ambiente perché è Euro 4...».

Devi cercare di fargli dire di sì su cose scontate, per poi proporgli il prodotto, in modo che, automaticamente, gli verrà naturale dire di sì all'acquisto. Bandler nel libro *Persuasion engineering*, dice: «Voglio che i tuoi clienti sentano il sì in ogni fibra dei loro muscoli, voglio sentire esplodere questo sì di soddisfazione: 'Sì, sì, lo voglio, è mio!'...».

A questo proposito, ricordo di aver fatto una dimostrazione in uno dei miei corsi sulla seduzione. Presi come "cavia" una ragazza del pubblico. Ci sedemmo uno di fronte all'altra e iniziai a parlarle, a raccontarle storie, utilizzando tutto il metodo, per filo e per segno. Alla fine è successo qualcosa di particolare, ovvero questa ragazza mi guardava veramente con occhi innamorati, direi che mi sono anche spaventato! Per fortuna c'era fra il pubblico mia moglie che controllava tutto! Però, ecco, ne è nata veramente una cosa simpatica, tutti si sono accorti che aveva funzionato. Funziona, funziona molto bene, e si può applicare indifferentemente alla seduzione come alla vendita.

SEGRETO n. 80: la struttura del truismo viene utilizzata anche nella vendita con il nome di "campo affermativo", e consiste nel far dire di sì più e più volte al cliente in modo che si abitui a farlo.

Passiamo alla quarta fase, una delle migliori, delle più divertenti e potenti. La **N** sta per **narrazione**, categoria che racchiude in sé due sottocategorie: **metafore** e **aneddoti**. Questo strumento consiste nell'inserire, appunto, metafore e aneddoti nella narrazione, cosa che era veramente l'arte di Milton Erickson. Lui raccontava le cose più assurde: parlava dei suoi figli, dei suoi nipoti, di sua sorella, suo zio, e seppure la gran parte di queste storie erano certo inventate, era come se fossero state vere.

Erickson ha scritto un testo bellissimo su questo argomento che si intitola *La mia voce ti accompagnerà*, edito da L'Astrolabio. Si tratta di una raccolta dei racconti che l'autore utilizzava per guarire determinati problemi.

Tra questi racconti ne ricordo uno in particolare, che parlava di un incidente occorso a suo figlio. Il bambino si era tagliato e piangeva disperatamente. Erickson allora era andato da lui e gli aveva preso il braccio per esaminare la ferita, dicendo: «Fammi vedere! Sì, in effetti questo sangue è davvero rosso, la volta che si ferì tua sorella non è uscito sangue rosso come questo, il tuo è molto più bello! E poi guarda che ferita! Per tua sorella sono stati necessari solo dieci punti, a te, molto probabilmente, ne servirà qualcuno in più!» Il bambino improvvisamente aveva smesso di piangere e, anzi, a quel punto era contento: «Sì, sì, è vero! Io di più, io di più!», aveva trasformato ciò che gli era successo in un modo per divertirsi.

Oggi Bandler, per curare alcune problematiche, si diverte a inventare storie dentro storie, creando un'abile confusione, che poi fa parte dell'ipnosi stessa. Insegna questa tecnica nel corso per trainer che tiene a Orlando ogni anno, lui la definisce **nested loop**, ovvero "gli anelli concentrici". Si tratta di raccontare storie concentriche: si inizia con una prima storia, ma, prima di concluderne il racconto, se ne inserisce un'altra e poi ancora un'altra e un'altra ancora. Alla fine si procede a chiudere l'ultima, poi la penultima, la terz'ultima e così via, fino ad arrivare alla prima, inserendo lungo tutto il percorso una serie di suggestioni e moltissimi insegnamenti.

Può darsi che la storia che ha incominciato a raccontare all'inizio del primo giorno venga chiusa alla fine dell'ultimo! Sono trascorsi 6-7 giorni e però, non appena ne accenna, anche dopo parecchio tempo, torna subito in mente. Sembra quasi che confezioni in un pacchetto tutti gli insegnamenti e le suggestioni che ti ha trasmesso in quei sei giorni e te li regali.

Attraverso le storie, esattamente come nei film, puoi far immedesimare le persone. A me è capitato di utilizzare delle metafore anche solo per risolvere il problema di una mia allieva. Ho avuto a un mio corso una ragazza molto timida, che incontrava grande difficoltà nel lasciarsi andare con gli uomini, perché aveva vissuto diverse storie fallimentari. Usai una metafora per aiutarla: «Sai», le dissi, «innamorarsi è come salire sulle montagne russe: allacci la cintura e parti, provi sensazioni eccitanti mentre sali e scendi, ti diverti da morire, ma comunque sai sempre di essere al sicuro, perché hai la cintura ben stretta e procedi su di un binario.» Attraverso questa storiella intendevo dirle che si poteva innamorare e, al tempo stesso, sentirsi sicura.

La metafora rende più verosimile il discorso, molto più che se parlassi di una tua esperienza personale. In realtà si tratta dello stesso concetto, ma detto in una maniera più elegante non trova resistenze nell'altra persona, e quindi le arriva con facilità.

Gli aneddoti sono un po' la stessa cosa, tuttavia, mentre la metafora imposta un'uguaglianza, per cui è come dire che "una cosa è come un'altra", gli aneddoti invece sono storielle riguardanti situazioni reali, che siano vere o false non importa. Io, per esempio, potrei raccontare del mio amico Giovanni che si è innamorato della sua fidanzata al primo sguardo... e così via. Poi continuare su questa strada, lasciare che la persona a cui sto raccontando questo aneddoto si immedesimi a tal punto nella cosa da rivivere quegli stessi stati d'animo, fino a far scattare il colpo di fulmine tra lei e me. Se le dicessi: «Perché non ti innamori di me adesso?», non potrebbe assolutamente funzionare, mi rifiuterebbe, si chiuderebbe a riccio; invece una storia fa immedesimare. I bravi venditori sono in grado di raccontare delle buone storie per ogni loro prodotto.

Se una persona viene da me per una consulenza che la aiuti a risolvere un suo problema, io cercherò nella mia esperienza una situazione simile e gliela racconterò. Dirò: «Guarda, è già venuta una persona che aveva un problema simile al tuo. Abbiamo lavorato in questo modo; all'inizio il problema sembrava enorme, poi pian piano, un passo alla volta, siamo arrivati alla soluzione. Nel raccontare la storiella le sto già offrendo la soluzione, le sto dicendo: il tuo caso è simile a questo, questa è stata la soluzione per lui; prendila e usala su di te. È possibile che già dopo il primo colloquio il problema si risolva, perché la persona si rende conto che, in fondo, il suo non era un vero problema. Questo è quello che faceva Milton Erickson con i suoi assistiti.

Ciò che è importante, secondo me, è capire la distinzione che esiste tra il creare una metafora, raccontare un aneddoto o fornire unicamente la tua opinione. Per esempio, se dici: «Secondo me il colpo di fulmine esiste», la persona con cui parli ti può rispondere: «No, secondo me no.» Ripetendo: «Secondo me sì», non ottieni alcun risultato; alla fine resterete ognuno della propria opinione. Se invece di dare la sola tua opinione dici: «Sai, a me è successo di innamorarmi a prima vista di una persona, quindi il colpo di fulmine esiste!», entra in gioco qualcosa che vale di più della tua opinione, vale a dire una tua esperienza di vita. Puoi fare ancora un passo in avanti raccontando un aneddoto, ad esempio la storia di un tuo amico: «Tu puoi anche non credere al colpo di fulmine, però anche al mio amico è successo di innamorarsi a prima vista.» Quindi, a questo punto, hai addirittura due testimonianze a sostegno della tua tesi.

Poi puoi anche decidere di raccontare, o fare riferimenti, alla televisione, o a un articolo letto su di una rivista, a un film, dicendo: «Sai? Ne parlavano l'altro giorno al *Maurizio Costanzo Show*, c'era quello psichiatra che raccontava di come il colpo di fulmine sia una realtà. Può capitare che quando due persone si incontrano scatti una reazione chimica tra le particelle dei loro organismi, che ci sia una reazione immediata; quindi è scientificamente provato...». Che ti può dire l'altra persona? Come minimo revocherà in dubbio la sua convinzione perché hai basi sempre più autorevoli. Ecco che entra in gioco il principio di autorità, di cui ti ho già parlato a proposito del concetto di "guida".

La sola tua opinione non è di per sé molto autorevole, già una tua esperienza di vita lo è di più; quella di un tuo amico ancora di più. Se poi ti riferisci a un articolo apparso su una rivista o a qualcosa che hai visto o sentito in tv, l'effetto risulterà ancora potenziato. Vai nella direzione dell'autorevolezza e, al tempo stesso, della riprova sociale. In generale il consiglio che posso darti è di non inventare le storie, ma di trarle dalla tua esperienza, che ne è certamente ricca.

SEGRETO n. 81: la fase N, sta per narrazione, categoria che prevede l'inserimento di metafore e aneddoti nel discorso che fai al tuo interlocutore, magari arrivando a creare dei nested loop, ossia delle storie concentriche, estremamente ipnotiche.

Infine, l'ultima fase è quella della **O** come **opportunità**. Si tratta di cogliere al volo l'opportunità di concludere la trattativa in atto; che si tratti di un rapporto sentimentale o di una vendita, il principio è il medesimo. Quindi chiudere, portare a termine, impacchettare l'insieme di suggestioni date. Ti ho già fatto degli esempi in questo senso parlando del MetaModello, circa il modo di applicare le **presupposizioni** per chiudere. È necessario dare già per scontato che la persona abbia accettato di comprare il tuo prodotto, di uscire con te accettando un appuntamento o qualsiasi altra cosa. Ricordi in che modo? Con frasi del tipo: «Mi chiedevo se ti andava di uscire con me oggi o domani», oppure: «Quando vogliamo uscire? A pranzo o a cena?»; «Andiamo al ristorante o in pizzeria?», false scelte, che presuppongono in ogni caso l'accettazione dell'invito. Nel caso della vendita, una buona presupposizione potrebbe essere: «Mi chiedevo quanti articoli di questo tipo volessi ordinare.»

SEGRETO n. 82: la fase O come opportunità ti indica come cogliere al volo l'opportunità di chiudere la trattativa in atto, aiutandoti, ad esempio, con delle presupposizioni.

Un altro artificio che puoi utilizzare sono le **domande nascoste**. In questo caso si tratta di porre l'interrogativo in modo indiretto, preceduto da costruzioni come "non so se" o "mi chiedevo se", che servono sempre al medesimo scopo di rendere ancora meno insinuante la domanda. Se dici: «Vuoi pagare ora o dopo?» è troppo invasivo; è più elegante invece: «Mi chiedevo se volessi pagare adesso o più tardi».

SEGRETO n. 83: allo stesso risultato puoi giungere utilizzando le "domande nascoste", che rendono meno diretta ed evidente la tua domanda.

Appartiene ancora alla fase O la **distorsione temporale**, che ha a che fare con il tempo dei verbi che vengono utilizzati in una frase. Ti è mai capitato di dire: «Domani andiamo al cinema»? Perché, secondo te, ho usato il presente quando avrei dovuto usare il futuro? Infatti sarebbe certo più corretto dire: «Domani andremo al cinema». Ho utilizzato il presente perché, da un punto di vista di immagini mentali che ci creiamo, rende più vicina e concreta l'azione oggetto della frase.

Si dice che ognuno di noi abbia un modo inconscio di visualizzare il tempo. Si parla di *time line*, linea del tempo: puoi vedere il futuro di fronte a te, alla tua destra o alla tua sinistra. In ogni caso, se inserisci nella frase il presente indicativo, lo vedrai più vicino. Nel servirti di questa tecnica, usi il tempo presente per parlare del domani, per parlare del futuro.

Nella **distorsione temporale doppia**, invece, usi il tempo presente per parlare del domani e il passato per parlare dell'oggi, ad esempio: «Se domani stai bene, è perché oggi hai letto con grande attenzione questa guida», è una bella suggestione che potrei darti in chiusura! Tornando alla frase «se domani stai bene», dire "stai" piuttosto che "starai", rende più vicina e concreta l'azione. Poi «è perché oggi hai letto con grande attenzione questa guida», "hai letto" e non "leggi", rende più vicino il benessere promesso e concentra maggiormente il tuo interlocutore nella lettura.

Questo accade perché, confermando la sua concentrazione, gli stai creando un'identità di persona attenta e, per il principio di coerenza, lo sarà realmente di più. È come aver preso quello che deve ancora succedere e averlo trasportato nel passato, averlo già dato per scontato, come fosse già successo. È una forma di presupposizione.

SEGRETO n. 84: nel persuadere il tuo interlocutore, puoi servirti della distorsione temporale semplice o doppia, con le quali "distorci" ad arte i tempi verbali della tua frase, affinché sia maggiormente convincente.

Il modello B.R.U.N.O., e in generale il Milton Model, semplificato attraverso le fasi che ho ideato, secondo me è molto utile, non solo nella persuasione, ma anche nella vendita, e in generale in ogni forma di comunicazione.

Potrai esercitarti a utilizzarlo in ogni occasione, anche a casa, lavorando in due direzioni. La prima cosa che consiglio ai partecipanti ai corsi è quella di iniziare esercitandosi per iscritto. Scrivere tante frasi, aneddoti, storie, domande nascoste, comandi, per avere un repertorio più ampio possibile e capire bene la struttura sintattica e linguistica delle frasi per applicare le varie tecniche. Lo dico per esperienza, perché anch'io mi sono esercitato a lungo in questo modo, e penso che sia l'unica strada certa per avere un buon bagaglio da utilizzare per evocare stati d'animo nelle situazioni più diverse. Per prima cosa decidi quale stato d'animo vuoi evocare e scrivilo.

Seconda fase: prendi queste frasi e comincia a declamarle ad alta voce, perché il vero problema è passare dallo scritto al parlato con altre persone. La cosa più difficile è acquisire la capacità di controllare adeguatamente il paraverbale, quindi il tono della voce. Già queste tecniche sono di per sé un po' invasive, se poi non siamo più che sicuri di quanto stiamo dicendo, probabilmente la voce ci uscirà tremolante, stentorea e diminuiranno le nostre probabilità di successo.

La cosa migliore che puoi fare è provarle e riprovarle davanti allo specchio, prima leggendole, poi inventandotele. Una volta acquisita la giusta sicurezza, le potrai anche utilizzare con gli altri con successo. Per imparare, se ti impegni seriamente, non serve molto tempo; come ti dicevo, è solo questione di pratica.

SEGRETO n. 85: per esercitarti in modo efficace a utilizzare con spontaneità il Milton Model, ti conviene, in una prima fase, procedere a scrivere molte frasi con le strutture linguistiche tipiche del modello e, in una seconda fase, declamarle a voce alta.

Concludendo, ti propongo un esercizio che ti permetterà di utilizzare tutte le tecniche studiate nella guida; si tratta della realizzazione di una brochure pubblicitaria.

Nel comporla, inizierai rievocando lo stato d'animo giusto per il prodotto che stai pubblicizzando: se si tratta di un viaggio, inizierai col rievocare le sensazioni piacevoli di una vacanza tanto gratificante e distensiva da desiderare di ripeterla. Poi passa all'uso dei truismi – «mentre stai leggendo queste parole rievochi sensazioni piacevolissime» – continua con metafore – «vivere un bel viaggio è come gustare una coppa di champagne» – e aneddoti – puoi raccontare una breve storia.

Ovviamente in una brochure non hai tanto spazio, quindi ti dovrai ingegnare per essere efficace quanto sintetico. Prosegui con un presupposto, una falsa scelta, dicendo ad esempio: «Cogli al volo le opportunità di oggi: decidi se vuoi partire per la nostra crociera estiva o quella invernale, se vuoi andare ai Caraibi o nel Mediterraneo»; infine chiudi introducendo una distorsione temporale: «Se domani ti rendi conto di quanto è stato bello, è perché oggi hai scelto Bruno Crociere». È chiaro? Quindi scegli un prodotto da pubblicizzare e inventati una brochure.

RIEPILOGO DEL GIORNO 7:

- SEGRETO n. 72: il Milton Model utilizza le stesse categorie proprie del MetaModello per smontare suggestioni e, nel frattempo, ti permette di creare persuasioni, suggestioni e dare suggerimenti.

- SEGRETO n. 73: la strategia della domanda nascosta consiste nel proporre una domanda in forma di affermazione, allo scopo di far apparire meno invasiva una richiesta che altrimenti sarebbe troppo diretta.

- SEGRETO n. 74: la prima fase del Metodo B.R.U.N.O. è identificata dalla B come buonumore, il che significa che devi porti in uno stato positivo di relazione con la persona con la quale stai comunicando, per entrare più facilmente in sintonia con lei.

- SEGRETO n. 75: la seconda fase del Metodo B.R.U.N.O. è identificata dalla R come rievocazione. Vale a dire che per utilizzare i modelli linguistici al fine di una comunicazione efficace, devi innanzitutto rievocare uno stato d'animo positivo.

- SEGRETO n. 76: puoi evocare stati d'animo positivi aiutandoti con le domande rievocative e di approfondimento.

- SEGRETO n. 77: i comandi nascosti, le citazioni e i comandi negativi hanno sempre una valenza evocativa.

- SEGRETO n. 78: la fase U, come universalità, indica l'opportunità di utilizzare, per accedere con facilità alle esperienze del tuo interlocutore, un linguaggio più vago possibile.

- SEGRETO n. 79: il truismo è una struttura linguistica che contiene alcuni elementi sicuramente veri e alcune suggestioni. Il condizionamento dei primi sarà talmente forte nel soggetto cui è indirizzato, da far sì che recepisca come veri anche gli elementi che potrebbero non esserlo.
- SEGRETO n. 80: la struttura del truismo viene utilizzata anche nella vendita con il nome di "campo affermativo", e consiste nel far dire di sì più e più volte al cliente in modo che si abitui a farlo.
- SEGRETO n. 81: la fase N, sta per narrazione, categoria che prevede l'inserimento di metafore e aneddoti nel discorso che fai al tuo interlocutore, magari arrivando a creare dei nested loop, ossia delle storie concentriche, estremamente ipnotiche.
- SEGRETO n. 82: la fase O come opportunità ti indica come cogliere al volo l'opportunità di chiudere la trattativa in atto, aiutandoti, ad esempio, con delle presupposizioni.
- SEGRETO n. 83: allo stesso risultato puoi giungere utilizzando le "domande nascoste", che rendono meno diretta ed evidente la tua domanda.
- SEGRETO n. 84: nel persuadere il tuo interlocutore, puoi servirti della distorsione temporale semplice o doppia, con le quali "distorci" ad arte i tempi verbali della tua frase, affinché sia maggiormente convincente.
- SEGRETO n. 85: per esercitarti in modo efficace a utilizzare con spontaneità il Milton Model, ti conviene, in una prima fase, procedere a scrivere molte frasi con le strutture linguistiche tipiche del modello e, in una seconda fase, declamarle a voce alta.

CONCLUSIONE

L'idea che sta alla base di queste tecniche è quella di imparare a creare relazioni più efficaci e durature. Il concetto di **mappa** e di comprensione del punto di vista altrui ti permette di comunicare in modo più efficace con tutti, nella vita personale come in quella professionale.

Il ricalco, i modelli linguistici, i principi della persuasione di Robert Cialdini – la coerenza, l'autorità, la riprova sociale e tutti gli altri –, servono per capire come funziona il linguaggio, come reagisce l'essere umano quando si trova in determinate situazioni e in certi contesti.

È importante sapere che puoi migliorare il tuo modo di comunicare utilizzando questi modelli, ricordandoti sempre che la prima cosa che devi acquisire è l'**atteggiamento mentale** tipico della PNL, ossia di curiosità e di libertà.

Nel momento in cui conosci i modelli che la Programmazione Neuro-Linguistica ha scoperto, sei più libero di scegliere, sarai in grado di decidere consapevolmente se dare o meno una suggestione o, nel caso ti provenga da un'altra persona, se accettarla o rifiutarla.

Quando non conosci, quando non sei consapevole di tutte queste sfumature di precisione presenti nel linguaggio, rischi di dare a chi ti circonda impressioni sbagliate su di te.

In questo modo, invece, puoi fare delle distinzioni e avanzare un po' per giorno nella tua crescita personale, migliorando il tuo modo di relazionarti con gli altri e comunicando meglio.

Buona Comunicazione!

Giacomo Bruno

9 788886 174091